JN157050

こんななやみをもっているキミへ……

クラスの全員《ぜんいん》と友《とも》だちにならないとダメ？

自分《じぶん》の意見《いけん》を言《い》うのがこわい……

周《まわ》りの人《ひと》の目《め》が気になる……

友《とも》だちを傷《きず》つけてしまった！

ヤマオリ

人間関係《にんげんかんけい》のコツがわかるとこんないいことがある！！

クラスのみんなと協力《きょうりょく》したほうがいい理由《りゆう》がわかる！

自分《じぶん》の気持《きも》ちを伝《つた》える勇気《ゆうき》をもてる！

タニオリ

子《こ》どもとおとなの間《あいだ》の「今《いま》」の自分《じぶん》と向《む》き合《あ》える！

自分《じぶん》のことも友《とも》だちのことも大事《だいじ》にできる！

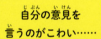

12才までに身につけたい

人間関係のコツ

花まる学習会 著

日本能率協会マネジメントセンター

はじめに

この本《ほん》を手《て》に取《と》ったキミは、今《いま》、「人間関係《にんげんかんけい》」でなやんでいることがあるのかな？　今《いま》はなくても、学校《がっこう》でたくさんのクラスメイトと同《おな》じ時間《じかん》を過《す》ごしているのだから、この先《さき》「人間関係《にんげんかんけい》の壁《かべ》」にぶつかることは必《かなら》ずあるだろう。

じつは、そんな「人間関係《にんげんかんけい》」でなやんでいるのは、キミたち子《こ》どもだけじゃない。おとなのなやみ事《ごと》第《だい》1位《い》も、「人間関係《にんげんかんけい》」なんだよ。会社《かいしゃ》で働《はたら》いていて、「この仕事《しごと》は好《す》きだけど、関《かか》わっている先輩《せんぱい》とうまくいかない、この人《ひと》とは働《はたら》きたくない！」という理由《りゆう》で、大好《だいす》きだった仕事《しごと》を辞《や》める人《ひと》も少《すく》なくないんだ。

ぼくたちおとなも、キミたち子《こ》どもも、毎日《まいにち》を生《い》きていくうえで、けっして一人《ひとり》で生《い》きていくことはできない。学校《がっこう》でも、習《なら》い事《ごと》でも、お家《うち》でも、会社《かいしゃ》でも、買《か》い物《もの》に行《い》った先《さき》でも、旅行《りょこう》に行《い》った先《さき》でも、何《なに》かをするとき、必《かなら》ずそこには「人《ひと》」がいる。

「この人《ひと》っていいな」と思《おも》うこともあれば、「この人《ひと》は苦手《にがて》だな」と思《おも》うこともあるだろう。

この世界《せかい》で生《い》きている以上《いじょう》、必《かなら》ずぼくたちは「生身《なまみ》の人間関係《にんげんかんけい》」の中《なか》にいることになるんだ。傷《きず》つくこともあるけれど、さまざまな人《ひと》と接《せっ》しているからこそ、心《こころ》も広《ひろ》くなるし、いろいろな考《かんが》え方《かた》も身《み》につくんだよ。

おとなであるぼくも、人間関係《にんげんかんけい》になやむことは少《すく》なくない。だから、この本《ほん》では、「人間関係《にんげんかんけい》の壁《かべ》」を乗《の》り越《こ》える勇気《ゆうき》をもつ方法《ほうほう》を、キミに教《おし》えるというよりは、キミといっしょに考《かんが》えていきたいんだ。「友《とも》だちってそもそも何《なん》だろう？」「友《とも》だちって必要《ひつよう》かな？」「友《とも》だちとうまく付《つ》き合《あ》っていくために、必要《ひつよう》なことって何《なん》だろう？」そんな疑問《ぎもん》を一《ひと》つずつ、ひも解《と》いていってみよう。

もくじ

王
将

本書《ほんしょ》の使《つか》い方《かた》

図解《ずかい》…「本文《ほんぶん》」の内容《ないよう》や、「人間関係《にんげんかんけい》」についてのワンポイント・アドバイスを、わかりやすいイラストで説明《せつめい》しています。

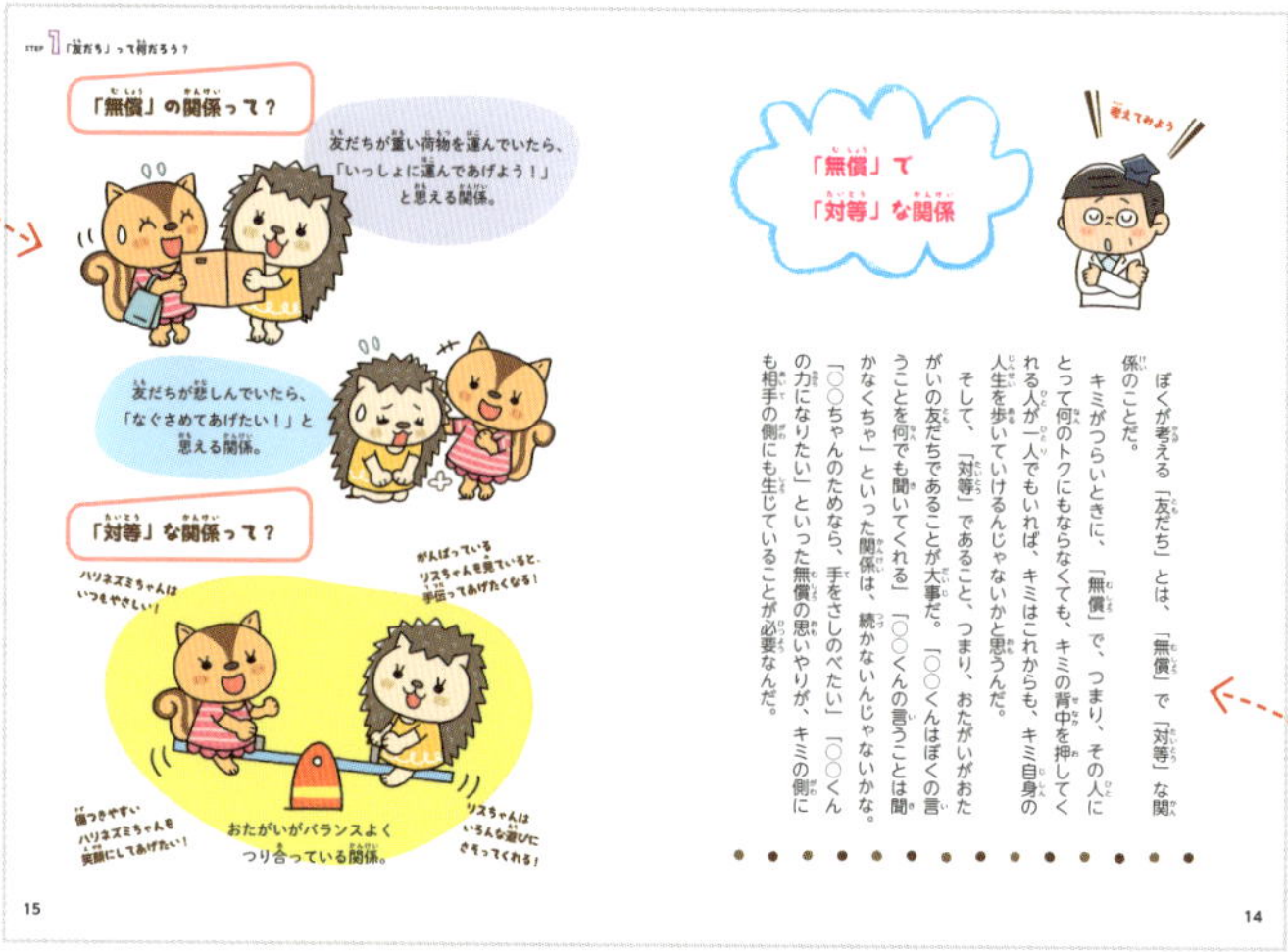

STEP 1 「友だち」って何だろう？

「無償」の関係って？

友だちが重い荷物を運んでいたら、「いっしょに運んであげよう！」と思える関係。

友だちが悲しんでいたら、「なぐさめてあげたい！」と思える関係。

「対等」な関係って？

ハリネズミちゃんはいつもやさしい！

がんばっているリスちゃんを見ていると、手伝ってあげたくなる！

傷つきやすいハリネズミちゃんを笑顔にしてあげたい！

おたがいがバランスよくつり合っている関係。

リスちゃんはいろんな遊びにさそってくれる！

15
「無償」で「対等」な関係
考えてみよう
ぼくが考える「友だち」とは、「無償」で「対等」な関係のことだ。

キミがつらいときに、「無償」で、つまり、その人にとって何のトクにもならなくても、キミの背中を押してくれる人が一人でもいれば、キミはこれからも、キミ自身の人生を歩いていけるんじゃないかと思うんだ。

そして、「対等」であること、つまり、おたがいがおたがいの友だちであることが大事だ。「○○くんはぼくの言うことを何でも聞いてくれる」「○○くんの言うことは聞かなくちゃ」といった関係は、続かないんじゃないかな。「○○ちゃんのためなら、手をさしのべたい」「○○くんの力になりたい」といった無償の思いやりが、キミの側にも相手の側にも生じていることが必要なんだ。

14

本文《ほんぶん》…「人間関係《にんげんかんけい》」についての10のひみつを解説《かいせつ》しています。

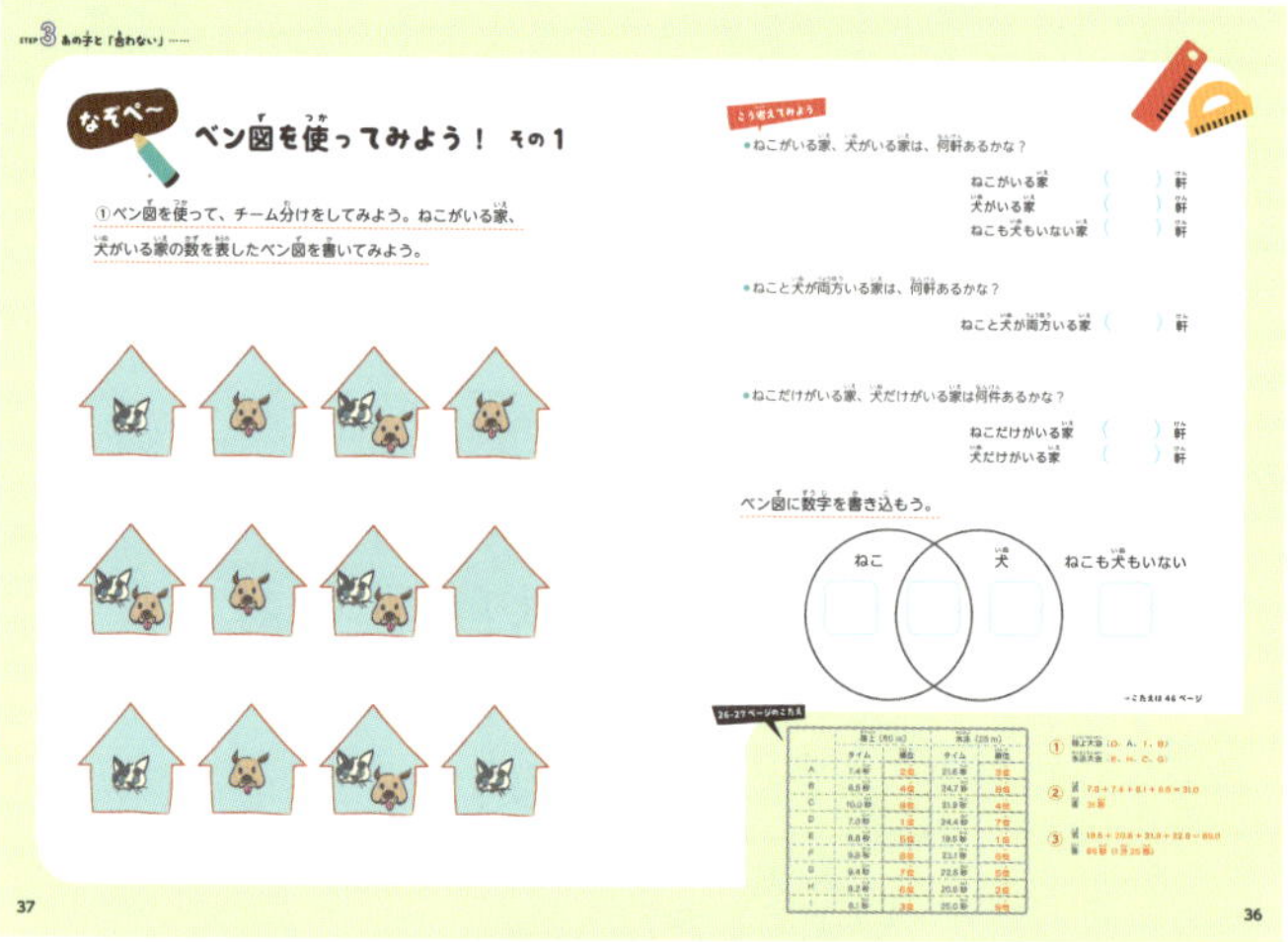

STEP 3 あの子と「合わない」……
なぞぺ〜
ベン図を使ってみよう！ その1
①ベン図を使って、チーム分けをしてみよう。ねこがいる家、犬がいる家の数を表したベン図を書いてみよう。
こう考えてみよう
・ねこがいる家、犬がいる家は、何軒あるかな？
ねこがいる家 （ ）軒
犬がいる家 （ ）軒
ねこも犬もいない家 （ ）軒
・ねこと犬が両方いる家は、何軒あるかな？
ねこと犬が両方いる家 （ ）軒
・ねこだけがいる家、犬だけがいる家は何件あるかな？
ねこだけがいる家 （ ）軒
犬だけがいる家 （ ）軒
ベン図に数字を書き込もう。
ねこ
犬
ねこも犬もいない
→こたえは46ページ
26-27ページのこたえ
37
36

なぞぺ〜…「人間関係《にんげんかんけい》」に関《かん》するノートやパズルを、各《かく》ステップの終《お》わりに用意《ようい》しています。自《じ》分《ぶん》の心《こころ》のなかをふり返《かえ》る時間《じかん》を、楽《たの》しみながら取《と》れます。

登場人物紹介《とうじょうじんぶつしょうかい》

ハリネズミちゃん

まじめでおとなしい女《おんな》の子《こ》。
自分《じぶん》の気持《きも》ちを言《い》うのが苦手《にがて》。

リスちゃん

おしゃれで元気《げんき》な女《おんな》の子《こ》。
ハリネズミちゃんと仲良《なかよ》し。

フェレットくん

みんなをまとめるのが得意《とくい》な
男《おとこ》の子《こ》。学級委員《がっきゅういいん》。

トビネズミくん

クールで皮肉屋《ひにくや》の男《おとこ》の子《こ》。
読書《どくしょ》が好《す》き。

ハムスターズ

いつもいっしょの、
仲良《なかよ》し3人組《にんぐみ》。

花《はな》まる先生《せんせい》

この本《ほん》を書《か》いている人《ひと》。
人間関係《にんげんかんけい》のコツを教《おし》えてくれる、
やさしい先生《せんせい》。

他《ほか》にもいろんな
友《とも》だちが出《で》てくるよ！

運動会《うんどうかい》にむけて
・〇〇〇〇〇
・〇〇〇〇
来週《らいしゅう》の運動会《うんどうかい》に向《む》けて、クラスで一致団結《いっちだんけつ》しましょう!
やりたい人《ひと》で応援団《おうえんだん》をつくって、放課後《ほうかご》に練習《れんしゅう》するのはどうかな?
よし!
ハア…
運動《うんどう》は苦手《にがて》だなあ。応援団《おうえんだん》どころじゃないよ……
ハリネズミちゃん、いっしょに応援団《おうえんだん》に参加《さんか》しようよ! ぜったい楽《たの》しいよ!
え?
う、う〜ん……そうだね……
やったー!

ワイワイ
ワイワイ
ハァ
トビネズミくん、キミも応援団《おうえんだん》に参加《さんか》するだろ？
応援団《おうえんだん》なんてばかばかしい。ぼくは早《はや》く帰《かえ》るよ
じゃあ
ムカッ
そんな言《い》い方《かた》するなよ！みんなでやることに、意味《いみ》があるんだろ！
知《し》らないよ！「やりたい人《ひと》で」って言《い》ったじゃないか！
わたしも応援団《おうえんだん》に入《はい》りたくないなんて、言《い》い出《だ》せないよ～
どうしよ…

STEP 1

「友《とも》だち」って何《なん》だろう？

何《なに》をしたら「友《とも》だち」って
言《い》えるのかな？

友《とも》だちの基準《きじゅん》って何《なん》だろう?

「わたしたちって友《とも》だちだよね?」なんてことを聞《き》かれた経験《けいけん》ってある? 「同《おな》じクラスのお友《とも》だち」というテーマの作文《さくぶん》を学校《がっこう》の宿題《しゅくだい》で出《だ》されたことは?

こういう時《とき》、「ほんとうはこの子《こ》のこと、苦手《にがて》なんだけどな……」と答《こた》えに困《こま》ったり、「同《おな》じクラスに仲《なか》の良《よ》い子《こ》がいないぼくはおかしいのかな……」となやんだりした人《ひと》もいるんじゃないかな。

最初《さいしょ》に伝《つた》えておきたいのは、相手《あいて》に対《たい》して「友《とも》だち」だと決《き》めるのは、学校《がっこう》の先生《せんせい》でも、周《まわ》りの子《こ》でも、家族《かぞく》でもなく、いつだって、キミ自身《じしん》だということ。だれかの「こうでなければいけない」にしばられる必要《ひつよう》はないんだ。この本《ほん》だって、たった一《ひと》つの「正解《せいかい》」ではないということを覚《おぼ》えておいてほしい。

「無償《むしょう》」で「対等《たいとう》」な関係《かんけい》

ぼくが考《かんが》える「友《とも》だち」とは、「無償《むしょう》」で「対等《たいとう》」な関《かん》係《けい》のことだ。

キミがつらいときに、「無償《むしょう》」で、つまり、その人《ひと》にとって何《なん》のトクにもならなくても、キミの背中《せなか》を押《お》してくれる人《ひと》が一人《ひとり》でもいれば、キミはこれからも、キミ自身《じしん》の人生《じんせい》を歩《ある》いていけるんじゃないかと思《おも》うんだ。

そして、「対等《たいとう》」であること、つまり、おたがいがおたがいの友《とも》だちであることが大事《だいじ》だ。「〇〇くんはぼくの言《い》うことを何《なん》でも聞《き》いてくれる」「〇〇くんの言《い》うことは聞《き》かなくちゃ」といった関係《かんけい》は、続《つづ》かないんじゃないかな。「〇〇ちゃんのためなら、手《て》をさしのべたい」「〇〇くんの力《ちから》になりたい」といった無償《むしょう》の思《おも》いやりが、キミの側《がわ》にも相手《あいて》の側《がわ》にも生《しょう》じていることが必要《ひつよう》なんだ。

「無償《むしょう》」の関係《かんけい》って？

友《とも》だちが重《おも》い荷物《にもつ》を運《はこ》んでいたら、

「いっしょに運《はこ》んであげよう！」

と思《おも》える関係《かんけい》。

友《とも》だちが悲《かな》しんでいたら、
「なぐさめてあげたい！」と
思《おも》える関係《かんけい》。

「対等《たいとう》」な関係《かんけい》って？

ハリネズミちゃんは
いつもやさしい！
がんばっている
リスちゃんを見《み》ていると、
手伝《てつだ》ってあげたくなる！
傷《きず》つきやすい
ハリネズミちゃんを
笑顔《えがお》にしてあげたい！
リスちゃんは
いろんな遊《あそ》びに
さそってくれる！

おたがいがバランスよく
つり合《あ》っている関係《かんけい》。

友《とも》だち関係《かんけい》はこわれたっていい！

友《とも》だち関係《かんけい》は、いつかこわれることもある。人間《にんげん》の心《こころ》は変《か》わっていくものだから。キミが原因《げんいん》でこわれることがあるかもしれないし、相手《あいて》が原因《げんいん》でこわれるかもしれない。

それでもいいんだ。またいつか、心《こころ》から信《しん》じられる友《とも》だちに出会《であ》える日《ひ》が来《く》るから。つくってはこわれ、こわれてはまたつくって……。そうやって、人間関係《にんげんかんけい》は続《つづ》いていくものなんだ。

逆《ぎゃく》に、小学生《しょうがくせい》のいまは苦手《にがて》だと思《おも》っていた子《こ》と、中学生《ちゅうがくせい》や高校生《こうこうせい》、大学生《だいがくせい》、おとなになってから、ひさしぶりに会《あ》ったら意気投合《いきとうごう》した、というのもよくある話《はなし》。成長《せいちょう》すればするほど、キミの心《こころ》も、相手《あいて》の心《こころ》も変《か》わっていくからね。

友《とも》だち関係《かんけい》は、今《いま》がすべてではないということを、覚《おぼ》えておいてほしい。

ぼくの・わたしのいちばんの友《とも》だち

幼稚園《ようちえん》の時《とき》から、ずっと仲良《なかよ》しの友《とも》だちがいるよ。たまにケンカもするけど、結《けっ》局《きょく》、その子《こ》がいちばん気《き》が合《あ》うんだ。きっと、これから先《さき》もずっといちばんの仲良《なかよ》しはその子《こ》だと思《おも》うな。

クラスにも仲良《なかよ》しの子《こ》はいるけど、いちばんの友《とも》だちは同《おな》じスイミングスクールに通《かよ》っている子《こ》。学校《がっこう》も年齢《ねんれい》もちがうんだけど、だれよりも速《はや》く泳《およ》げるその子《こ》がわたしの親友《しんゆう》で、ライバルでもあるよ。

町内会《ちょうないかい》のときに、たまたまとなりの席《せき》に座《すわ》ったご近所《きんじょ》さんと話《はな》したら、気《き》が合《あ》って、今《いま》ではいっしょに遊《あそ》びに行《い》ったりするよ。子《こ》どものころからずっと同《おな》じ町《まち》に住《す》んでいたのに、おじさんになってから仲良《なかよ》くなるなんて、ふしぎだなあ。

おなじ高校《こうこう》だった子《こ》と、ずっと仲良《なかよ》しなの。いまはおたがい、遠《とお》くに住《す》んでいるんだけど、お手紙《てがみ》を出《だ》し合《あ》ったり、たまに、いっしょに旅行《りょこう》に行《い》ったりするの。もう、友《とも》だちになってから30年《ねん》くらい経《た》つわね。

②友《とも》だちの好《す》きなことは何《なに》かな？　インタビューしてみよう。

③２人《り》に共通《きょうつう》する好《す》きなことは何《なに》かな？

なぞぺ〜 キミと友《とも》だちの好《す》きなことは何《なん》だろう？

キミと友《とも》だちはどうして仲良《なかよ》くなったんだろう？

それぞれの好《す》きなことを調《しら》べてみよう！

①キミの好《す》きなことは何《なに》かな？　たくさん書《か》いてみよう。

STEP
2

どうしてクラス全員《ぜんいん》と仲良《なかよ》くしなさいって言《い》われるの？

みんなでなかよく！
同《おな》じクラスだからって、
「友《とも》だち」とはかぎらないよね。

クラス全員《ぜんいん》と仲良《なかよ》くしないとダメ？

「元気《げんき》な3組《くみ》　仲良《なかよ》し3組《くみ》　みんなで楽《たの》しくがんばろう！」

「学校《がっこう》では、クラス全員《ぜんいん》と友《とも》だちになりましょう」

「みんなと仲良《なかよ》くなりましょう」

こういうクラス目標《もくひょう》って、よくあるよね。


そうは言《い》っても、ステップ1の「友《とも》だち」の考《かんが》え方《かた》を思《おも》い出《だ》すと、だれとでも「無償《むしょう》で対等《たいとう》な関係《かんけい》」になれる人《ひと》なんて、なかなかいないって思《おも》うんじゃないかな。それに、友《とも》だちとはだれかに決《き》められるものではなく、自分《じぶん》の心《こころ》で決《き》めるもののはずだ。

じゃあ、学校《がっこう》の先生《せんせい》は、どうしてこういう目標《もくひょう》を立《た》てたのだろうか？

友《とも》だち＝仲間《なかま》ではない！？

これは、ぼくたちが普段《ふだん》、「友《とも》だち」や「仲間《なかま》」という言葉《ことば》を、いろんな意味《いみ》で使《つか》ってしまっているために、起《お》こっている混乱《こんらん》だと思《おも》うんだ。

「友《とも》だち」……自分《じぶん》の心《こころ》が決《き》める、個人的《こじんてき》な関係《かんけい》
「仲間《なかま》」……同《おな》じ目標《もくひょう》に向《む》かって協力《きょうりょく》する関係《かんけい》

と、分《わ》けて考《かんが》えてみたらどうだろう？

たとえば、運動会《うんどうかい》や音楽会《おんがくかい》、委員会活動《いいんかいかつどう》など、何《なに》か目標《もくひょう》を立《た》てて動《うご》くときは、みんなで協力《きょうりょく》し合《あ》わないと、その目《も》標《ひょう》を達成《たっせい》できないよね。少《すこ》し苦手《にがて》だなと思《おも》っている人《ひと》とも、話《はな》し合《あ》わないといけない。この時《とき》の協力関係《きょうりょくかんけい》のことを、学《がっ》校《こう》の先生《せんせい》はまとめて「仲間《なかま》」「友《とも》だち」「仲良《なかよ》くする」と表現《ひょうげん》しているんだ。ほんとうは、「仲間《なかま》」であることは必《ひっ》要《よう》だけど、「友《とも》だち」にはならなくてもいいんだよ。

「友《とも》だち」と「仲間《なかま》」を分《わ》けて考《かんが》えてみよう

〈友《とも》だち〉

とくに必要《ひつよう》はなくても、
楽《たの》しいから
いっしょに遊《あそ》びたい。

〈仲間《なかま》〉

「良《よ》い学級新聞《がっきゅうしんぶん》をつくる」
という目的《もくてき》のためには、
いつもはケンカしている
相手《あいて》とも協力《きょうりょく》できる。

「仲間《なかま》」で協力《きょうりょく》し合《あ》うから、大《おお》きなことができる！

自分《じぶん》ひとりや、友《とも》だち数人《すうにん》だけでは難《むずか》しい大《おお》きなことも、
たくさんの「仲間《なかま》」と協力《きょうりょく》すると達成《たっせい》できるね。

協力《きょうりょく》し合《あ》って社会《しゃかい》は動《うご》いている！

キミたちが使《つか》っているいろいろなモノは、会社《かいしゃ》で働《はたら》く人《ひと》たちがみんなで話《はな》し合《あ》ったり、実験《じっけん》したりしてつくられているよ。

キミたちが食《た》べている野菜《やさい》は、農家《のうか》の人《ひと》が育《そだ》てて、運転手《うんてんしゅ》の人《ひと》が運《はこ》んで、お店屋《みせや》さんが売《う》ることによって、キミたちの元《もと》にとどくよ。

キミたちの町《まち》がきれいなのは、住《す》んでいるみんなが協力《きょうりょく》して道《みち》をそうじしたり、花《か》だんの植《う》えかえをしたりしているからだね。

おとなになっても、「仲間《なかま》」は重要《じゅうよう》！

この先《さき》キミは、今以上《いまいじょう》にたくさんの人《ひと》と出会《であ》うことになる。きっと、いろんな考《かんが》えをもつ人《ひと》と「仲間《なかま》」になって、いっしょに仕事《しごと》をすることになるだろう。

もちろん、おとなにだって「合《あ》わない人《ひと》」はいるよ。でも、「この人《ひと》とは仕事《しごと》したくありません！」と言《い》うわけにはいかない。だって、「友《とも》だちだから」協力《きょうりょく》するのではなくて、共通《きょうつう》の目的《もくてき》のために協力《きょうりょく》するのだからね。

一人《ひとり》でコツコツ研究《けんきゅう》する仕事《しごと》でも、コンピューターと向《む》き合《あ》う仕事《しごと》であっても、人《ひと》と関《かか》わらずに生《い》きていくことは難《むずか》しい。だから「仲間《なかま》」という人間関係《にんげんかんけい》は、社会《しゃかい》に出《で》て、より豊《ゆた》かに生《い》きていく上《うえ》で必要《ひつよう》な力《ちから》なんだ。

その練習《れんしゅう》として、学校《がっこう》では「みんなと仲良《なかよ》くしましょう」と教《おし》えられるんだね。

①Aくんが陸上大会《りくじょうたいかい》に出《で》ることが決《き》まっているとき、残《のこ》りは、
だれを出場《しゅつじょう》させれば、いちばん強《つよ》いチームになるだろうか？

こう考《かんが》えてみよう

まずは、左《ひだり》の表《ひょう》に、それぞれの陸上《りくじょう》・水泳《すいえい》のタイムの順位《じゅんい》を書《か》きこんでみよう。

陸上大会《りくじょうたいかい》（　　、A、　　、　　）

水泳大会《すいえいたいかい》（　　、　　、　　、　　）

②陸上大会《りくじょうたいかい》のリレーは、4人《にん》の選手《せんしゅ》が、1人《り》50mずつ走《はし》るよ。
①で決《き》めた4人《にん》の選手《せんしゅ》の合計《ごうけい》タイムは何秒《なんびょう》になるかな？

式《しき》

答《こたえ》

③水泳大会《すいえいたいかい》のリレーは、4人《にん》の選手《せんしゅ》が、1人《り》25mずつ泳《およ》ぐよ。
①で決《き》めた4人《にん》の選手《せんしゅ》の合計《ごうけい》タイムは何秒《なんびょう》になるかな？

式《しき》

答《こたえ》

→こたえは36ページ

なぞぺ〜

選手決《せんしゅぎ》めをしよう！

A～Iの９人《にん》の選手《せんしゅ》の中《なか》から、陸上大会《りくじょうたいかい》・水泳大会《すいえいたいかい》のリレー種目《しゅもく》に出場《しゅつじょう》する選手《せんしゅ》を４人《にん》ずつ選《えら》ぶことになったよ。大会《たいかい》は同《おな》じ日《ひ》、同《おな》じ時間《じかん》に開催《かいさい》されるので、どちらかにしか出場《しゅつじょう》することはできないんだ。

	陸上《りくじょう》〔50 m〕		水泳《すいえい》〔25 m〕	
	タイム	順位《じゅんい》	タイム	順位《じゅんい》
A	7.4 秒《びょう》		21.6 秒《びょう》	
B	8.5 秒《びょう》		24.7 秒《びょう》	
C	10.0 秒《びょう》		21.9 秒《びょう》	
D	7.0 秒《びょう》		24.4 秒《びょう》	
E	8.8 秒《びょう》		19.5 秒《びょう》	
F	9.8 秒《びょう》		23.1 秒《びょう》	
G	9.4 秒《びょう》		22.8 秒《びょう》	
H	9.2 秒《びょう》		20.8 秒《びょう》	
I	8.1 秒《びょう》		25.0 秒《びょう》	

STEP 3

あの子《こ》と「合《あ》わない」……

「合《あ》う」人《ひと》のほうが話《はな》しやすいもの

「十人十色《じゅうにんといろ》」という言葉《ことば》は知《し》っているかな？　「十人《じゅうにん》いれば、十人《じゅうにん》とも考《かんが》え方《かた》がちがうのが当《あ》たり前《まえ》」という意味《いみ》だ。……そうわかっていても、自分《じぶん》と意見《いけん》の合《あ》わない人《ひと》って仲良《なかよ》くしにくくて、「あの子《こ》、ちょっと変《へん》だよね」って、ひそひそ言《い》いがち。人間《にんげん》は、「ちがい」や「変化《へんか》」に弱《よわ》い生《い》きものなんだ。

わたしたちには、それぞれ、「自分《じぶん》」という生《う》まれたときから付《つ》き合《あ》っている人格《じんかく》（体《からだ》つきもふくめて）がある。「自分《じぶん》」を基準《きじゅん》に、世界《せかい》を見《み》て、ものを考《かんが》えている。だから、趣味《しゅみ》や意見《いけん》が似《に》ている人《ひと》には、安心感《あんしんかん》を覚《おぼ》えて、仲良《なかよ》くなれることが多《おお》い。そして、反対《はんたい》に、自分《じぶん》とまったくちがう趣味《しゅみ》や意見《いけん》の人《ひと》に出会《であ》うと、自分《じぶん》が否定《ひてい》されているような気《き》がして、不安《ふあん》になるものなんだ。

「ちがう」人《ひと》と仲良《なかよ》くなるのは難《むずか》しい……？

読書《どくしょ》が好《す》きなトビネズミくんと、サッカーが好《す》きなフェレットくん

トビネズミくんのこともサッカーにさそいたい。トビネズミくんだって、「ほんとうは、みんなで遊《あそ》んだほうが楽《たの》しい」って思《おも》っているはず。

ぼくは好《す》きな本《ほん》を読《よ》んでいるのが楽《たの》しいのに、「いつも一人《ひとり》でいてさびしそう」って思《おも》われていそうで腹《はら》が立《た》つよ。

おしゃべりなリスちゃんと、もの静《しず》かなハリネズミちゃん

リスちゃんはいつもおもしろい話《はなし》をしてくれるんだけど、自分《じぶん》の話《はなし》ばっかり。わたしの話《はなし》を聞《き》いてくれないときがあるんだ……。

ハリネズミちゃんって、自分《じぶん》の意見《いけん》を言《い》わないよね。言《い》おうか言《い》わないほうがいいか、もじもじしているのを見《み》ると、イライラしちゃうことがあるよ。

得意《とくい》なこと、苦手《にがて》なことがちがうことから、気持《きも》ちのすれちがいが起《お》こってしまうことがあるよね。

考《かんが》えてみよう

自分《じぶん》とピッタリ同《おな》じ意見《いけん》の人《ひと》っているの？

ステップ2で伝《つた》えたように、「仲間《なかま》」として協力《きょうりょく》できるならば、ムリして「友《とも》だち」になる必要《ひつよう》はない。ただ、注《ちゅう》意《い》してほしいのは、「合《あ》わない」という言葉《ことば》で切《き》り捨《す》てていくと、キミの世界《せかい》はせまくなるということ。

これは、人間関係《にんげんかんけい》だけじゃない。考《かん》え方《かた》や、勉強《べんきょう》や、仕《し》事《ごと》などもいっしょだ。キミに100％合《あ》うものなんて、なかなかない。「これは○○なところが合《あ》わないし、あれは△△なところが合《あ》わない」というふうに心《こころ》に壁《かべ》をつくってしまうと、キミが生《い》きられる世界《せかい》はドンドンせまくなって、最《さい》後《ご》はキミ自身《じしん》がつらくなってしまうよ。

前向《まえむ》きに、自分《じぶん》とはちがう考《かんが》えを吸収《きゅうしゅう》し続《つづ》けていける人《ひと》のほうが、ドンドン世界《せかい》が広《ひろ》がって、活躍《かつやく》できる場所《ばしょ》が増《ふ》えるんじゃないかな。

自分《じぶん》の考《かんが》えを知《し》ってもらうことも大切《たいせつ》

相手《あいて》の意見《いけん》を聞《き》くのと同《おな》じくらい、自分自身《じぶんじしん》のことを相《あい》手《て》に伝《つた》えることも大切《たいせつ》だ。

「だれも自分《じぶん》のことをわかってくれない」と悲《かな》しくなって、自分《じぶん》のカラにこもってしまう子《こ》を、よく目《め》にする。でも、一人《ひとり》ひとりちがう考《かんが》え方《かた》をしているんだから、心《こころ》の中《なか》で思《おも》っているだけでは、自分《じぶん》の気持《きも》ちは人《ひと》には伝《つた》わらないよね。

「自分《じぶん》の思《おも》いを否定《ひてい》されたらどうしよう……」これは、みんながかかえている不安《ふあん》。

その不安《ふあん》を乗《の》りこえて、「ぼくはこう思《おも》うんだ」という本音《ほんね》を発信《はっしん》していくことが、人間関係《にんげんかんけい》をつくっていくために必要《ひつよう》な勇気《ゆうき》なんだ。

自分《じぶん》の意見《いけん》を言《い》うことで、もっと仲良《なかよ》くなれることもある！

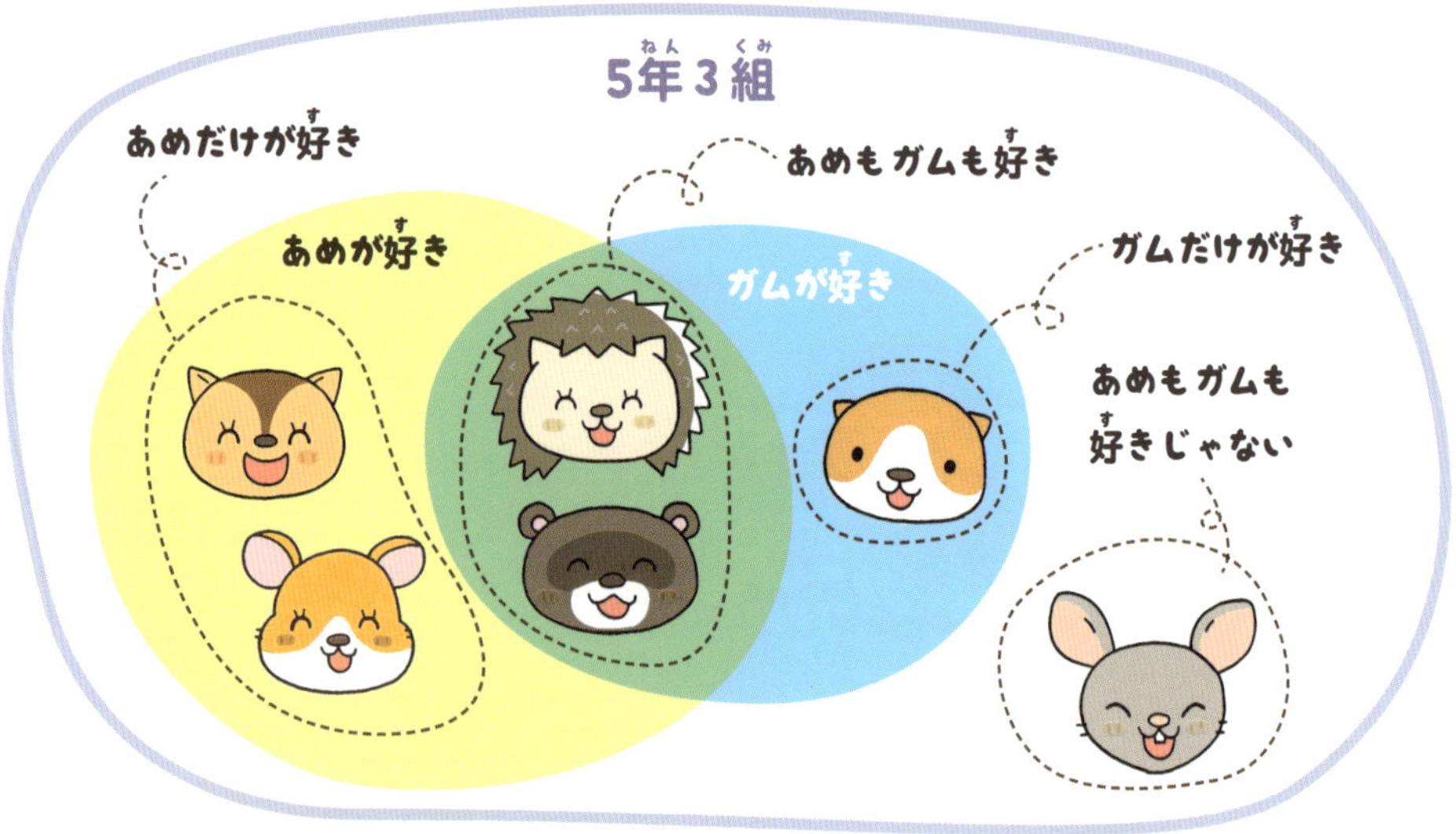

このように、円《えん》を使《つか》っていくつかの関係性《かんけいせい》をあらわした図《ず》を、「ベン図《ず》」というんだ。

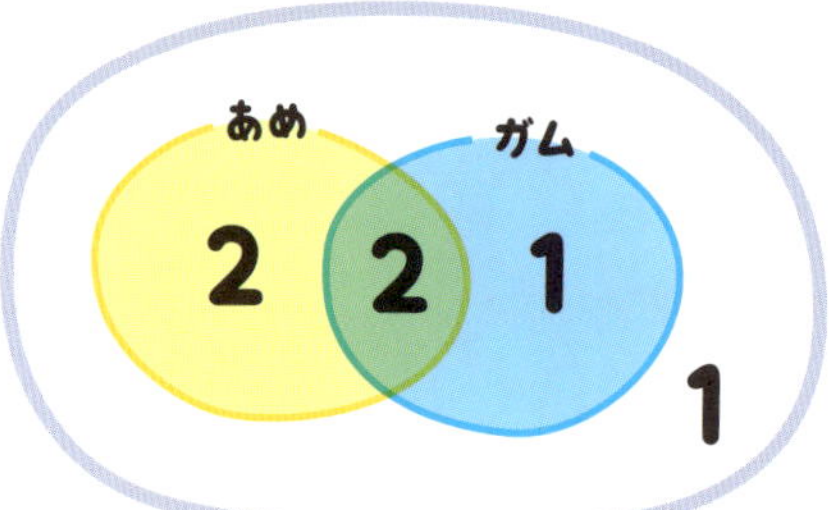

人数《にんずう》を数字《すうじ》で書《か》き込《こ》めば、それぞれ何人《なんにん》いるか、もっとわかりやすくなるね。

ベン図《ず》は、3つのことを考《かんが》えるときにも使《つか》えるよ。
たとえば、あめと、ガムと、ラムネが好《す》きな人《ひと》をあらわすベン図《ず》は、このようになるよ。

A：あめだけが好《す》き
B：ガムだけが好《す》き
C：ラムネだけが好《す》き
D：あめとガムが好《す》き
E：ガムとラムネが好《す》き
F：ラムネとあめが好《す》き
G：あめもガムもラムネも好《す》き
H：あめもガムもラムネも好《す》きじゃない

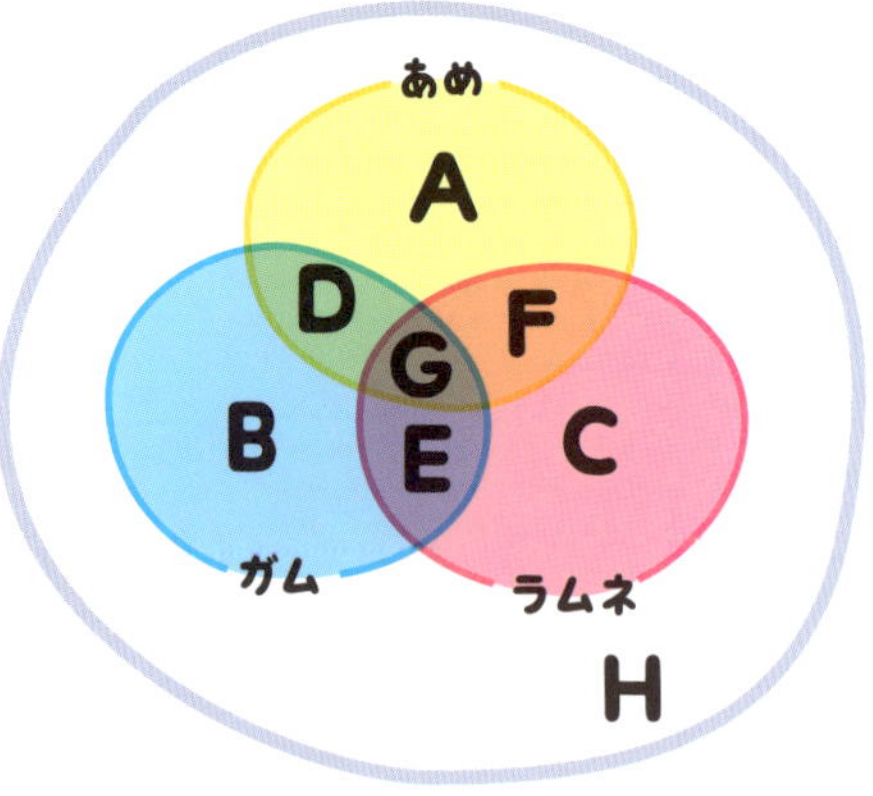

ベン図《ず》を使《つか》ってみよう！

クラスのみんなに、あめとガムは、好《す》きかきらいかを聞《き》いてみたよ。

みんなの意見《いけん》をまとめるには、どうすればいいだろうか？

円《えん》を２つ、重《かさ》なるように描《えが》いて、左《ひだり》の円《えん》に「あめが好《す》きな人《ひと》」、右《みぎ》の円《えん》に「ガムが好《す》きな人《ひと》」を入《い》れてみよう。両方《りょうほう》とも好《す》きな人《ひと》は、２つの円《えん》の重《かさ》なったところに入《はい》れる。どちらも好《す》きじゃない人《ひと》は、円《えん》の外《そと》だ。

こう考《かんが》えてみよう

●ねこがいる家《いえ》、犬《いぬ》がいる家《いえ》は、何軒《なんけん》あるかな？

ねこがいる家《いえ》（　　　）軒《けん》
犬《いぬ》がいる家《いえ》（　　　）軒《けん》
ねこも犬《いぬ》もいない家《いえ》（　　　）軒《けん》

●ねこと犬《いぬ》が両方《りょうほう》いる家《いえ》は、何軒《なんけん》あるかな？

ねこと犬《いぬ》が両方《りょうほう》いる家《いえ》（　　　）軒《けん》

●ねこだけがいる家《いえ》、犬《いぬ》だけがいる家《いえ》は何軒《なんけん》あるかな？

ねこだけがいる家《いえ》（　　　）軒《けん》
犬《いぬ》だけがいる家《いえ》（　　　）軒《けん》

ベン図《ず》に数字《すうじ》を書《か》き込《こ》もう。

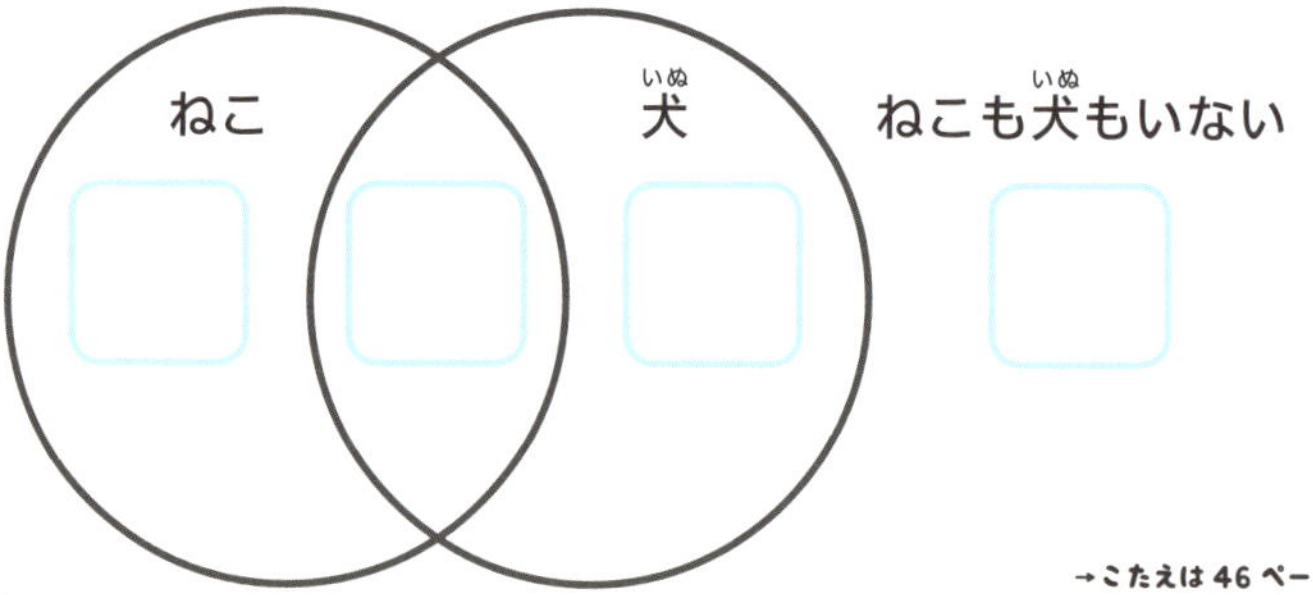

→こたえは 46 ページ

26-27 ページのこたえ

	陸上《りくじょう》〔50 m〕		水泳《すいえい》〔25 m〕	
	タイム	順位《じゅんい》	タイム	順位《じゅんい》
A	7.4 秒《びょう》	2位《い》	21.6 秒《びょう》	3位《い》
B	8.5 秒《びょう》	4位《い》	24.7 秒《びょう》	8位《い》
C	10.0 秒《びょう》	9位《い》	21.9 秒《びょう》	4位《い》
D	7.0 秒《びょう》	1位《い》	24.4 秒《びょう》	7位《い》
E	8.8 秒《びょう》	5位《い》	19.5 秒《びょう》	1位《い》
F	9.8 秒《びょう》	8位《い》	23.1 秒《びょう》	6位《い》
G	9.4 秒《びょう》	7位《い》	22.8 秒《びょう》	5位《い》
H	9.2 秒《びょう》	6位《い》	20.8 秒《びょう》	2位《い》
I	8.1 秒《びょう》	3位《い》	25.0 秒《びょう》	9位《い》

① 陸上大会《りくじょうたいかい》（D、A、I、B）
水泳大会《すいえいたいかい》（E、H、C、G）

② 式《しき》 7.0 ＋ 7.4 ＋ 8.1 ＋ 8.5 ＝ 31.0
答《こたえ》 31 秒《びょう》

③ 式《しき》 19.5 ＋ 20.8 ＋ 21.9 ＋ 22.8 ＝ 85.0
答《こたえ》 85 秒《びょう》（1 分《ぶん》 25 秒《びょう》）

なぞぺ～

ベン図《ず》を使《つか》ってみよう！ その1

①ベン図《ず》を使《つか》って、チーム分《わ》けをしてみよう。ねこがいる家《いえ》、犬《いぬ》がいる家《いえ》の数《かず》を表《あらわ》したベン図《ず》を書《か》いてみよう。

●ねこだけがいる家《いえ》、犬《いぬ》だけがいる家《いえ》、
うさぎだけがいる家《いえ》は、何軒《なんけん》あるかな？

ねこだけがいる家《いえ》　（　　　）軒《けん》
犬《いぬ》だけがいる家《いえ》　（　　　）軒《けん》
うさぎだけがいる家《いえ》　（　　　）軒《けん》

●ねこ・犬《いぬ》・うさぎが全部《ぜんぶ》いる家《いえ》は、何軒《なんけん》あるかな？

ねこ・犬《いぬ》・うさぎが全部《ぜんぶ》いる家《いえ》　（　　　）軒《けん》

●ねこと犬《いぬ》がいてうさぎはいない家《いえ》、犬《いぬ》とうさぎがいてねこはいない家《いえ》、
うさぎとねこがいて犬《いぬ》はいない家《いえ》は、何軒《なんけん》あるかな？

ねこと犬《いぬ》がいてうさぎはいない家《いえ》　（　　　）軒《けん》
犬《いぬ》とうさぎがいてねこはいない家《いえ》　（　　　）軒《けん》
うさぎとねこがいて犬《いぬ》はいない家《いえ》　（　　　）軒《けん》

ベン図《ず》に数字《すうじ》を書《か》き込《こ》もう。

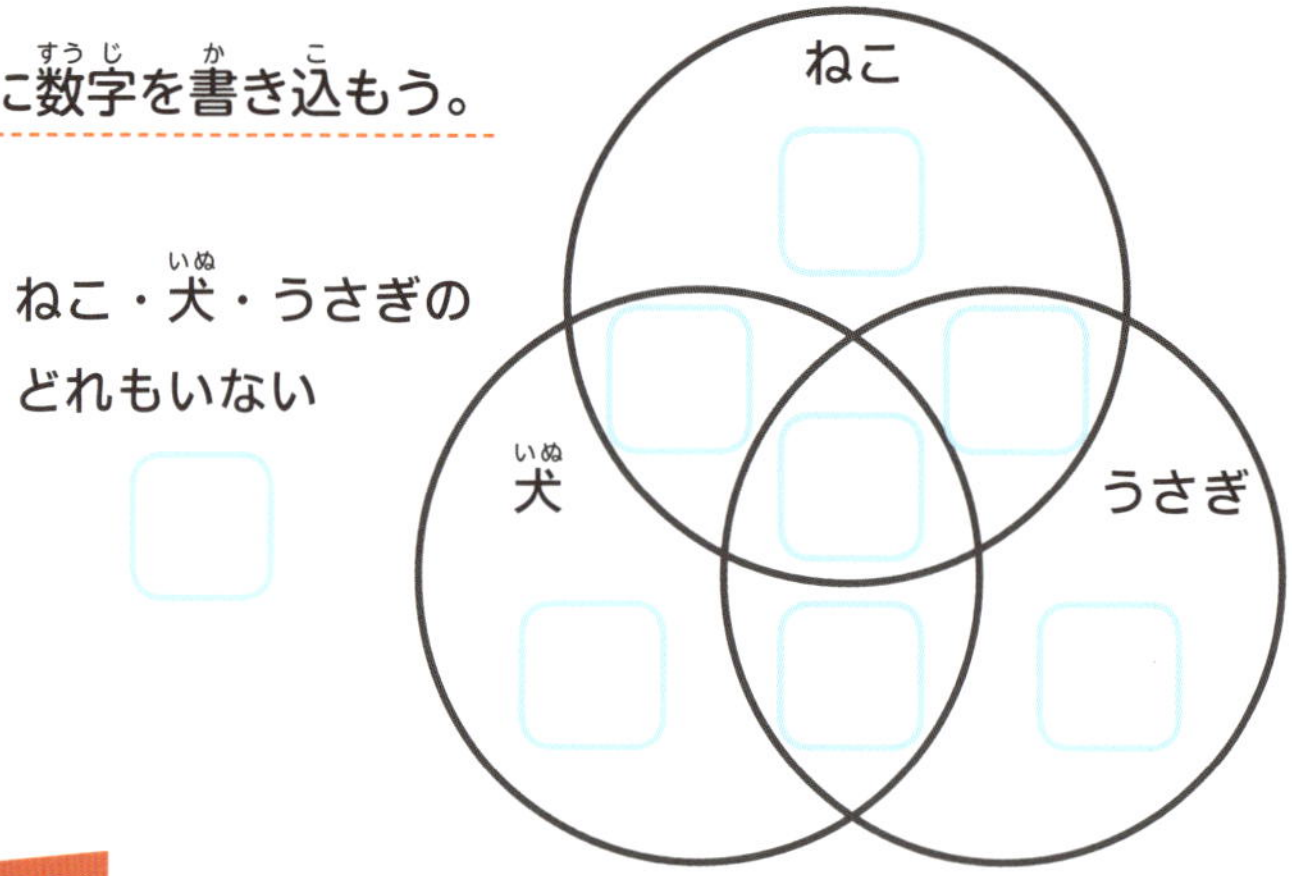

こう考《かんが》えてみよう

数《かぞ》えるのがたいへんな時《とき》は、計算《けいさん》してみよう。「ねこと犬《いぬ》がいてうさぎはいない家《いえ》」の数《かず》は、「ねこがいる家《いえ》」のなかから、「ねこだけがいる家《いえ》(＝犬《いぬ》がいない家《いえ》)」と「ねこ・犬《いぬ》・うさぎが全部《ぜんぶ》いる家《いえ》(＝うさぎもいる家《いえ》)」を引《ひ》いたものだ。

→こたえは 46 ページ

②ベン図《ず》を使《つか》って、チーム分《わ》けをしてみよう。ねこがいる家《いえ》、犬《いぬ》がいる家《いえ》、うさぎがいる家《いえ》の数《かず》を表《あらわ》したベン図《ず》を書《か》いてみよう。

こう考《かんが》えてみよう

●ねこがいる家《いえ》、犬《いぬ》がいる家《いえ》、うさぎがいる家《いえ》は、それぞれ何軒《なんけん》あるかな？

ねこがいる家《いえ》　（　　　）軒《けん》
犬《いぬ》がいる家《いえ》　（　　　）軒《けん》
うさぎがいる家《いえ》　（　　　）軒《けん》
ねこ・犬《いぬ》・うさぎのどれもいない家《いえ》　（　　　）軒《けん》

STEP 4

ケンカは絶対《ぜったい》にいけないことなの？

ハートのほうがいいって言《い》ったら、ケンカになっちゃうかな？

友《とも》だちの気持《きも》ちを考《かんが》えすぎちゃう……

いつもいっしょにいて、楽《たの》しくて、ケンカなんてありえない！

理想《りそう》の友《とも》だちって、そういうイメージだろうか。

気《き》が合《あ》うのはすてきなことだ。ちょっとした意見《いけん》のちがいがあった時《とき》に、強《つよ》い口調《くちょう》にならずに、おだやかに解決《かいけつ》できるのは、おとなの対応《たいおう》と言《い》えるかもしれない。

でも、ケンカになることをおそれすぎて、自分《じぶん》が言《い》いたいことを何《なに》も言《い》えなくなってしまったり、相手《あいて》の気持《きも》ちを優先《ゆうせん》させすぎたりしてしまっていることってないかな。

おとなは、言《い》い争《あらそ》っている子《こ》どもを見《み》るとすぐに「ケンカはいけません」って言《い》うから、ケンカすること自体《じたい》を避《さ》けてしまいがちかもしれないね。

「仲良《なかよ》し」に疲《つか》れていない？

今度《こんど》の日曜日《にちようび》、
3人《にん》で遊《あそ》ばない？

行《い》くー！

いつもわたしが
さそう役《やく》だなあ。
もしかして、2人《り》は
わたしと遊《あそ》びたいわけ
じゃないのかな？

相談《そうだん》したいことが
あるから、
3人《にん》じゃなくて、
2人《り》で遊《あそ》びたいんだけど
……。

その日《ひ》はリスちゃんと
ハリネズミちゃんに
さそわれて
いるんだけど、それを
伝《つた》えたらきらわれちゃう
かな……？

友《とも》だちといないと不安《ふあん》、って思《おも》っていない？

もちろん、友《とも》だちは大事《だいじ》にすべきだ。でも、少《すこ》し気《き》をつけてほしいのは、友《とも》だちがいない状態《じょうたい》をおそれすぎてはいないか、ということ。

人間《にんげん》はみんな、自分《じぶん》の中《なか》に弱《よわ》い、不安定《ふあんてい》な部分《ぶぶん》があるもの。だから、一人《ひとり》きりで生《い》きていくことはできない。でも、友《とも》だちといつでもいっしょじゃないとダメで、少《すこ》しでも一《ひと》人《り》でいることが、不安《ふあん》でたまらなくなってしまうのは、健《けん》全《ぜん》な関係《かんけい》とはいえない。

ステップ1で解説《かいせつ》したような、「無償《むしょう》」で「対等《たいとう》」な関《かん》係《けい》って、おたがいが自分《じぶん》の考《かんが》えをもっているからこそ、成《せい》立《りつ》するんじゃないだろうか。

ケンカが起《お》こるのは当《あ》たり前《まえ》!

ふだんは気《き》の合《あ》う友《とも》だちでも、意見《いけん》がちがったり、おたがいのイヤなところが見《み》えたりするのは当然《とうぜん》のことだ。だから、ケンカ自体《じたい》を「いけないことだ」と思《おも》って、傷《きず》つく必要《ひつよう》はない。絶対《ぜったい》に仲《なか》なおりしなければいけないということもないんだ。ケンカのあとで、前《まえ》よりも仲《なか》が良《よ》くなるという「雨降《あめふ》って地固《じかた》まる」時《とき》もあれば、そのまま、離《はな》れてしまうこともある。どっちも、悪《わる》いことじゃないんだ。友《とも》だちは、おたがいが自分《じぶん》の心《こころ》で決《き》めるものだからね。

ただし、ケンカしたときも、おたがいを思《おも》いやる心《こころ》をもっていてほしい。その場《ば》の勢《いきお》いで相手《あいて》を傷《きず》つけてしまった場合《ばあい》は、そのことについて謝《あやま》る必要《ひつよう》がある。冷静《れいせい》に、自《じ》分《ぶん》の心《こころ》と向《む》き合《あ》う時間《じかん》をつくるようにしよう。

ケンカは「仲良《なかよ》しの終《お》わり」じゃない！

いつも仲良《なかよ》しでも、ケンカをすることはある！

ケンカしたからといって、きらわれて、もう二度《にど》と元《もと》にもどれないというわけではない。しばらくしたら、元通《もとどお》り仲良《なかよ》くなれることも多《おお》いよ。

いつもケンカしていても、仲《なか》が悪《わる》いとは限《かぎ》らない！

よくケンカしているように見《み》えても、「おたがいのことが大《だい》きらい！」というわけではない関係《かんけい》もあるよ。

でも、ひどい言葉《ことば》を使《つか》ってしまうと……？

親《した》しい友《とも》だちには、つい、軽《かる》い気持《きも》ちできつい言葉《ことば》を使《つか》ってしまいがち。でも、その言葉《ことば》が相手《あいて》を深《ふか》く傷《きず》つけてしまうこともある。

STEP5を読《よ》もう！

A

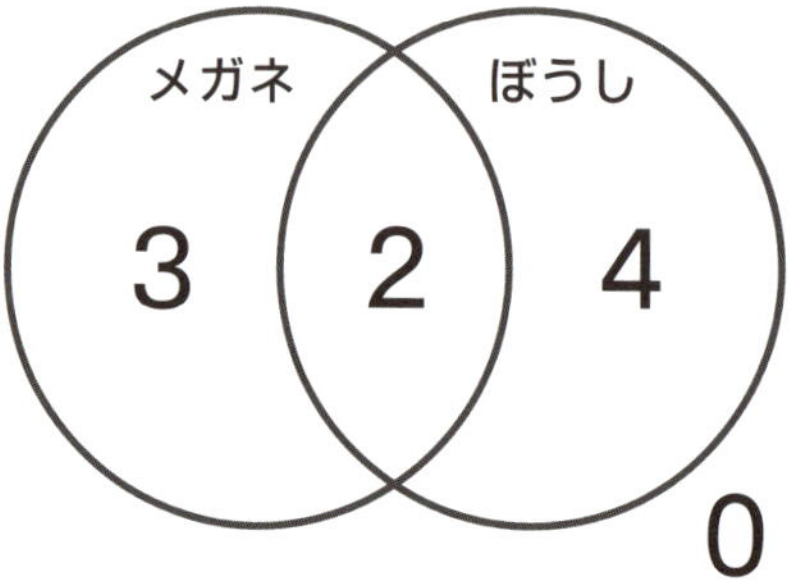

B

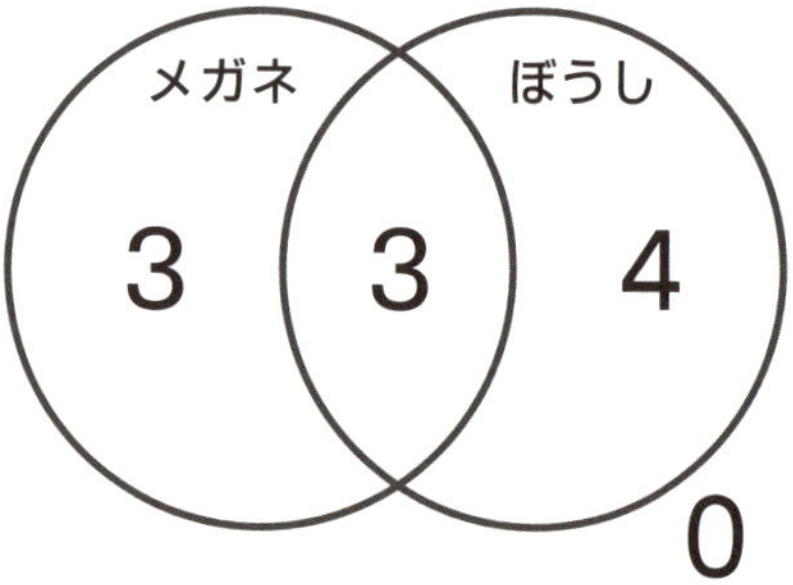

C

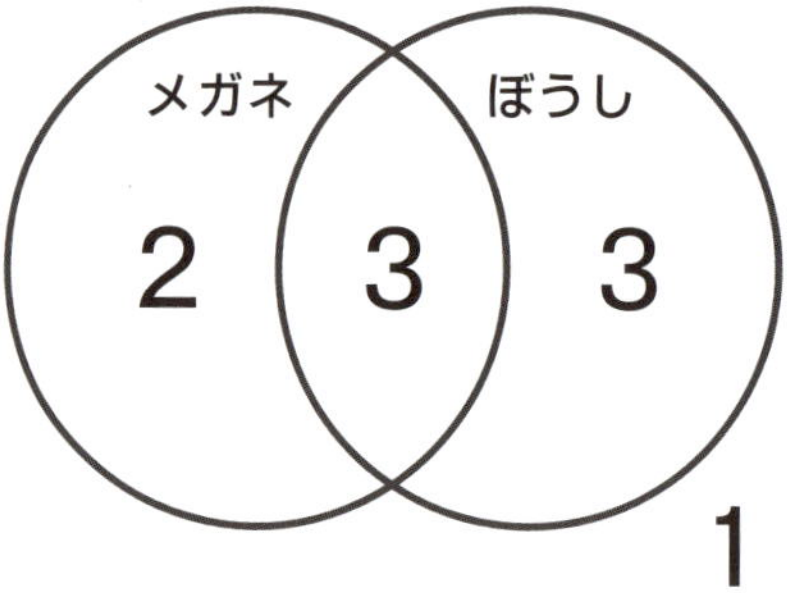

D

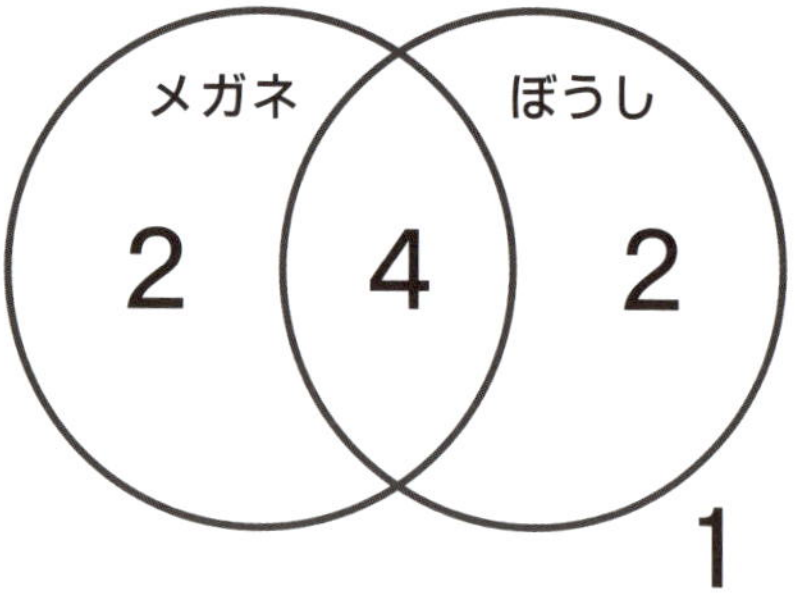

→こたえは 58 ページ

36-39 ページのこたえ

①
- ねこがいる家《いえ》 （ 7 ）軒《けん》
  犬《いぬ》がいる家《いえ》 （ 8 ）軒《けん》
  ねこも犬《いぬ》もいない家《いえ》 （ 1 ）軒《けん》
- ねこと犬《いぬ》が両方《りょうほう》いる家《いえ》 （ 4 ）軒《けん》
- ねこだけがいる家《いえ》 （ 3 ）軒《けん》
  犬《いぬ》だけがいる家《いえ》 （ 4 ）軒《けん》

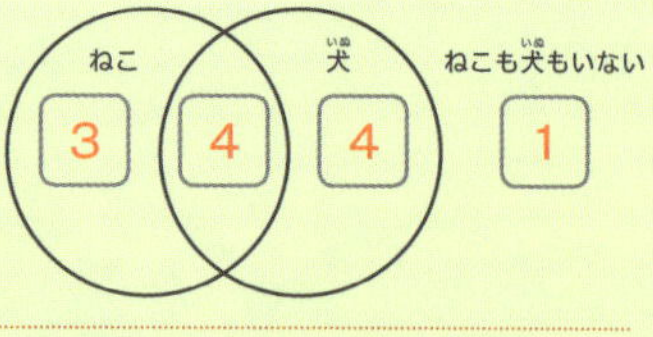

②
- ねこがいる家《いえ》 （ 10 ）軒《けん》
  犬《いぬ》がいる家《いえ》 （ 11 ）軒《けん》
  うさぎがいる家《いえ》 （ 8 ）軒《けん》
  ねこ・犬《いぬ》・うさぎのどれもいない家《いえ》 （ 1 ）軒《けん》
- ねこだけがいる家《いえ》 （ 1 ）軒《けん》
  犬《いぬ》だけがいる家《いえ》 （ 2 ）軒《けん》
  うさぎだけがいる家《いえ》 （ 1 ）軒《けん》
- ねこ・犬《いぬ》・うさぎが全部《ぜんぶ》いる家《いえ》 （ 3 ）軒《けん》
- ねこと犬《いぬ》がいてうさぎはいない家《いえ》 （ 4 ）軒《けん》
  犬《いぬ》とうさぎがいてねこはいない家《いえ》 （ 2 ）軒《けん》
  うさぎとねこがいて犬《いぬ》はいない家《いえ》 （ 2 ）軒《けん》

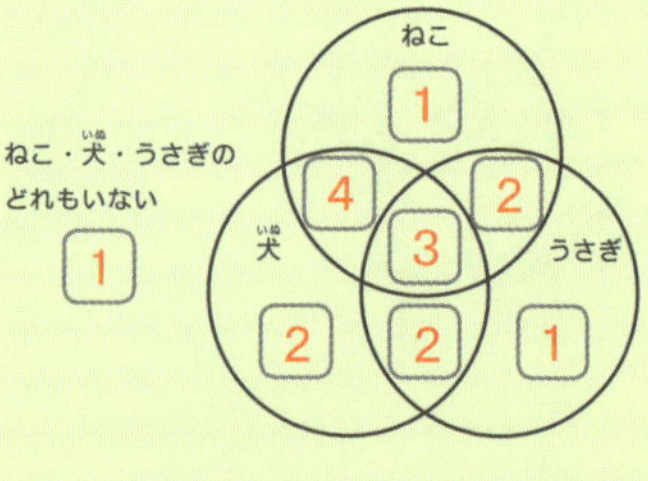

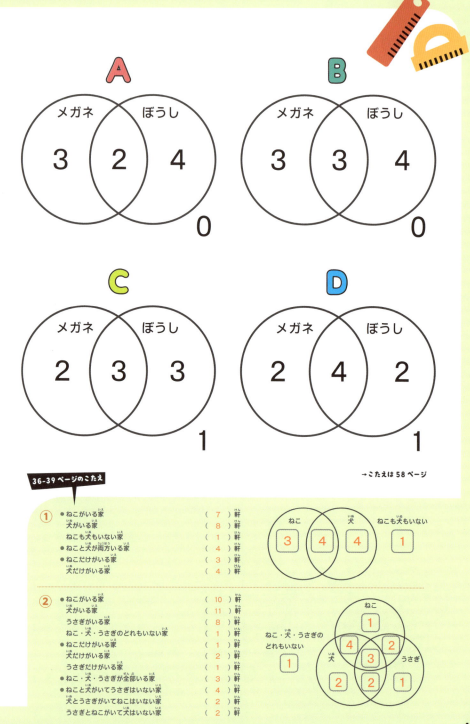

なぞぺ〜

ベン図《ず》を使《つか》ってみよう！ その2

①チーム分《わ》けをしたベン図《ず》のうち、正《ただ》しいものを選《えら》ぼう。メガネの人《ひと》、ぼうしの人《ひと》をチーム分《わ》けしたベン図《ず》のうち、正《ただ》しいのはA〜Dのどれかな？

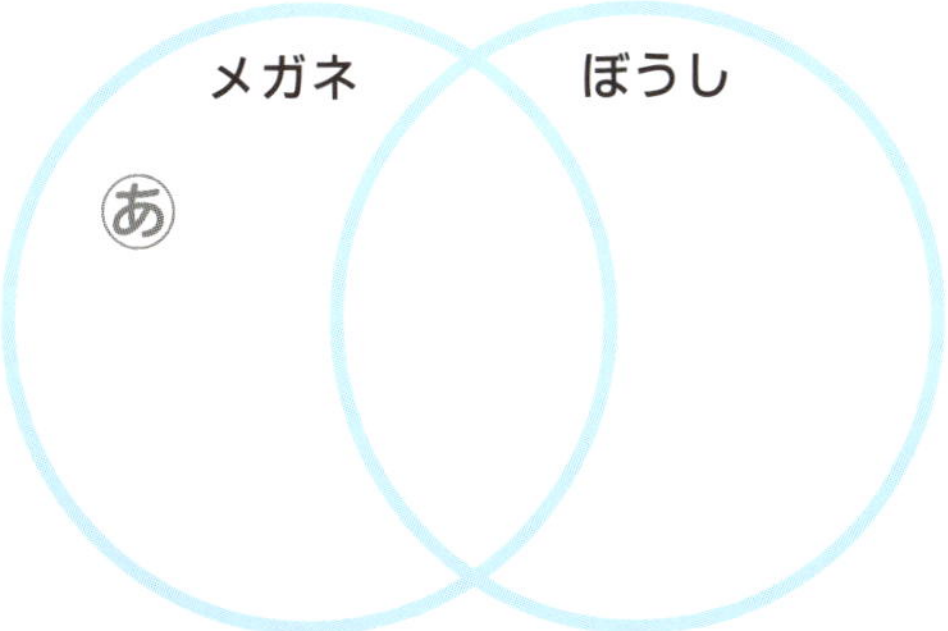

こう考《かんが》えてみよう

自分《じぶん》でベン図《ず》を書《か》いて考《かんが》えてから、同《おな》じ選択肢《せんたくし》を選《えら》ぼう。

A

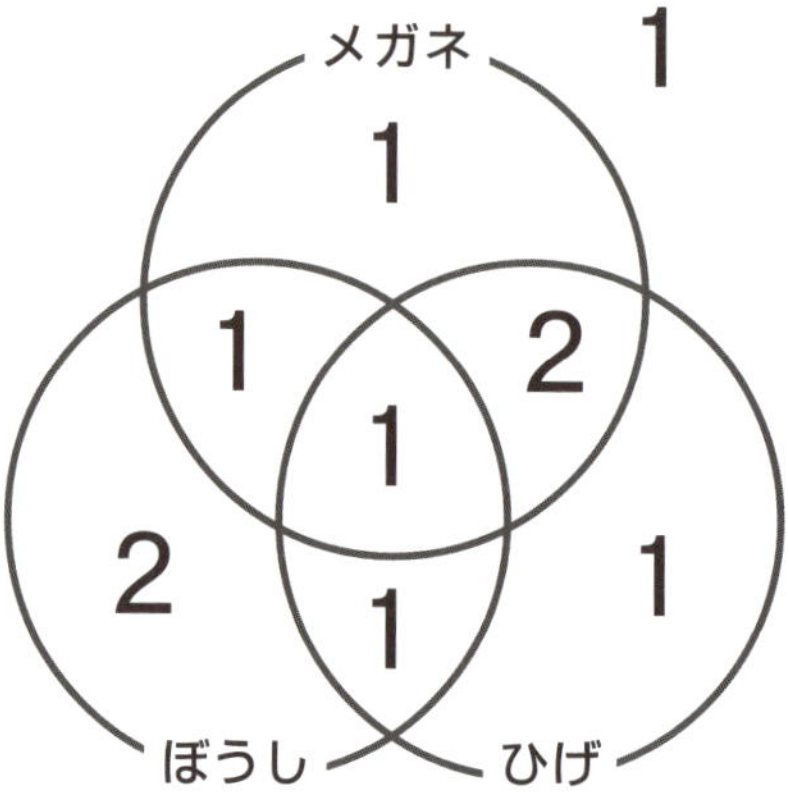

B

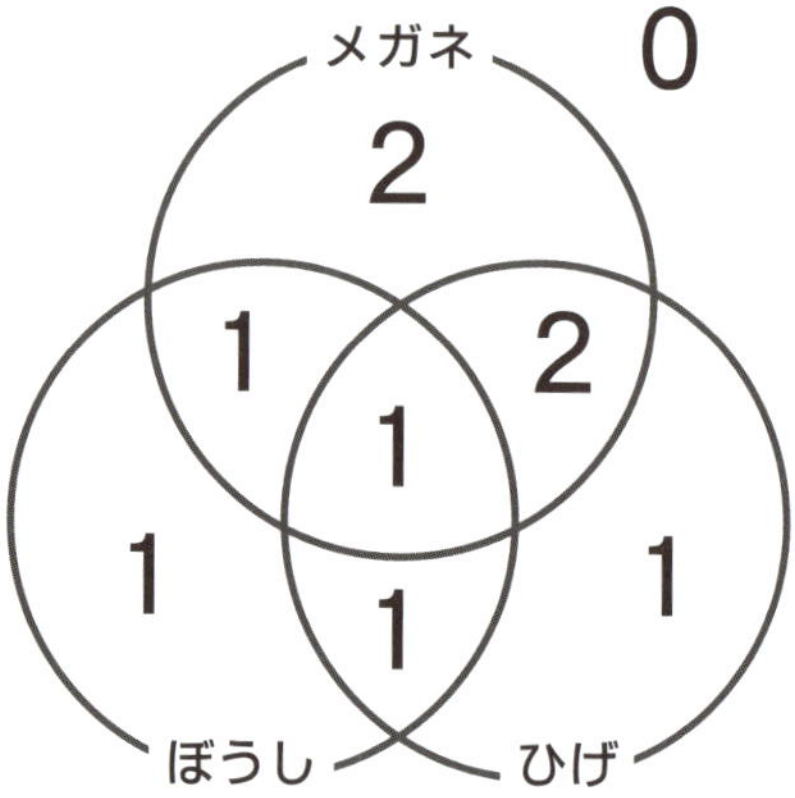

C

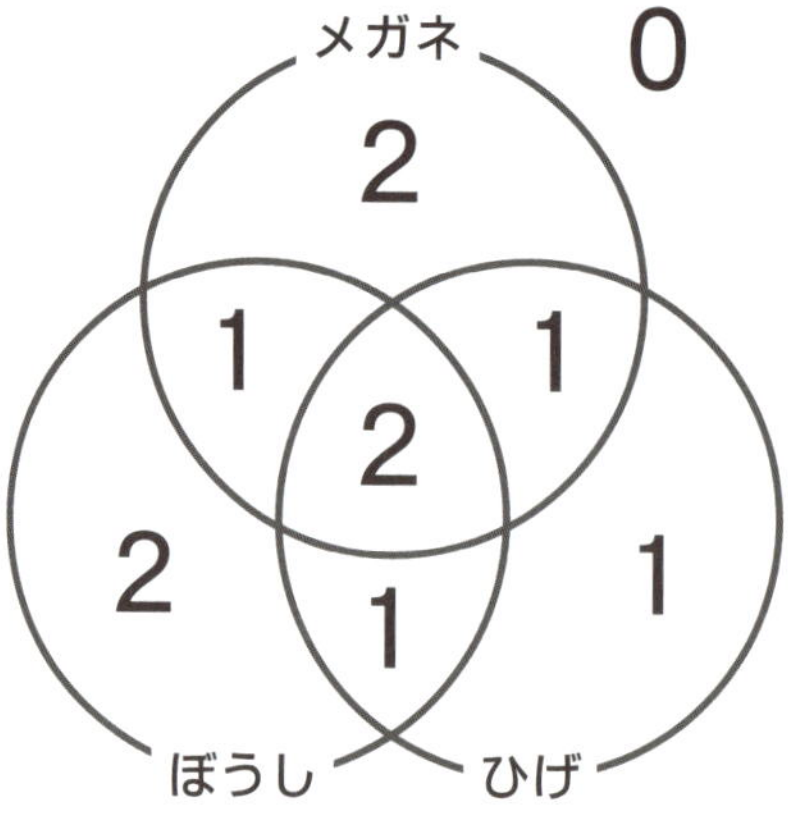

D

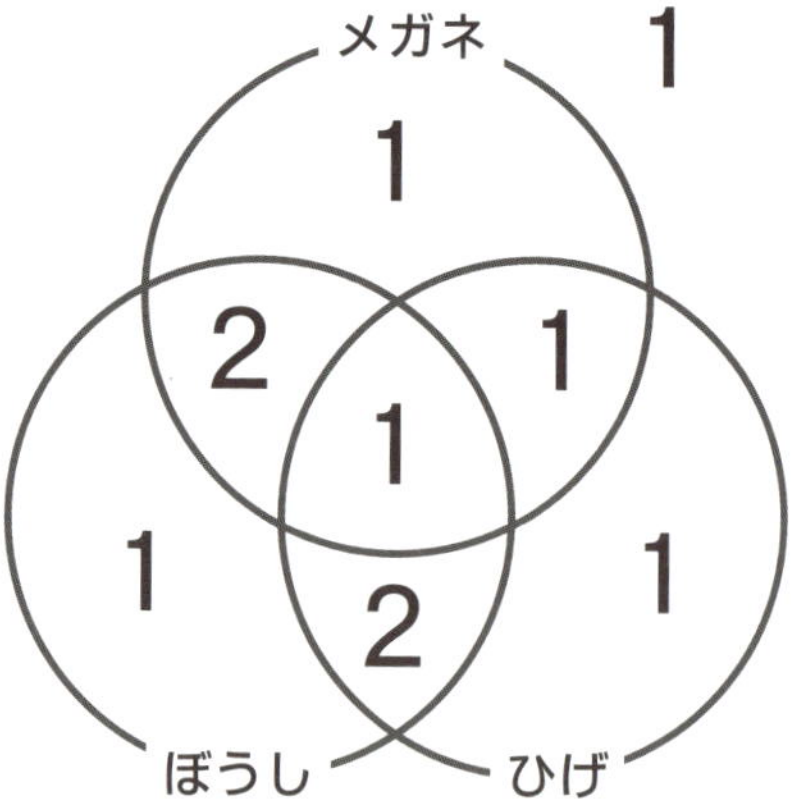

→こたえは58ページ

②チーム分《わ》けをしたベン図《ず》のうち、正《ただ》しいものを選《えら》ぼう。メガネの人《ひと》、帽子《ぼうし》の人《ひと》、ひげの人《ひと》をチーム分《わ》けしたベン図《ず》のうち、正《ただ》しいのはA～Dのどれかな？

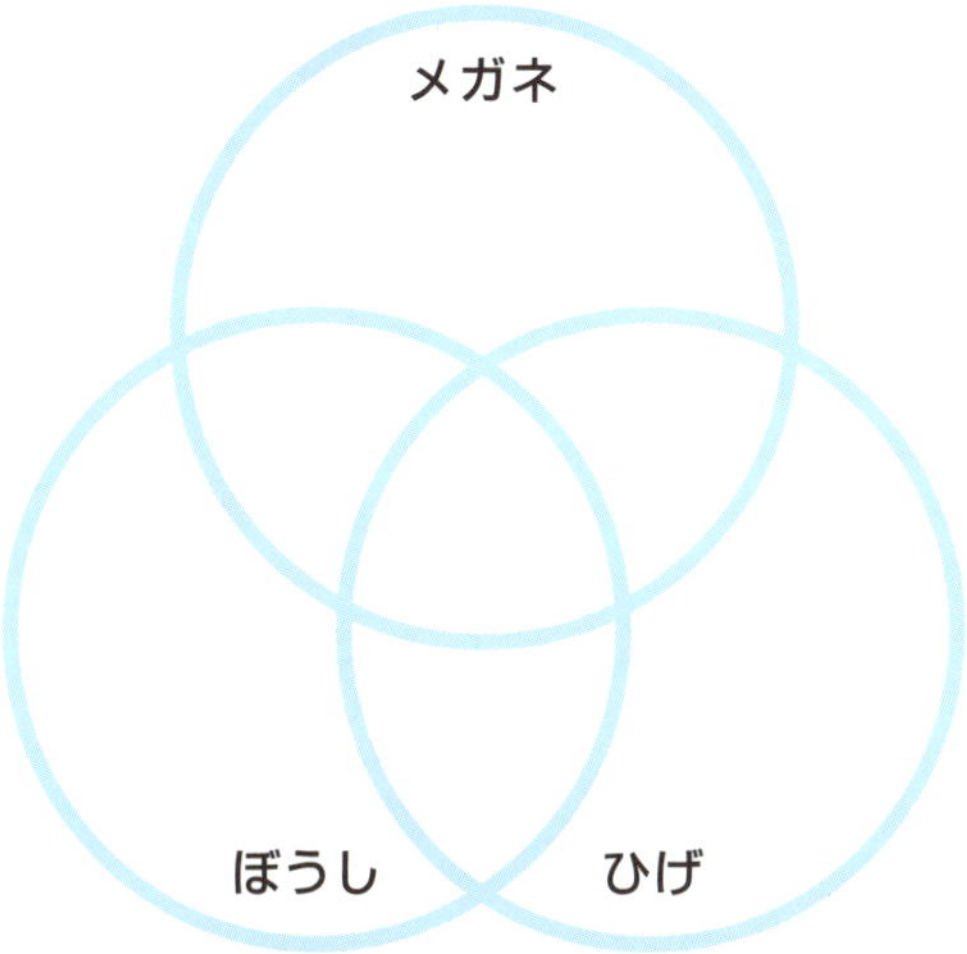

こう考《かんが》えてみよう

自分《じぶん》でベン図《ず》を書《か》いて考《かんが》えてから、同《おな》じ選択肢《せんたくし》を選《えら》ぼう。

STEP

5

友《とも》だちを傷《きず》つけてしまった！

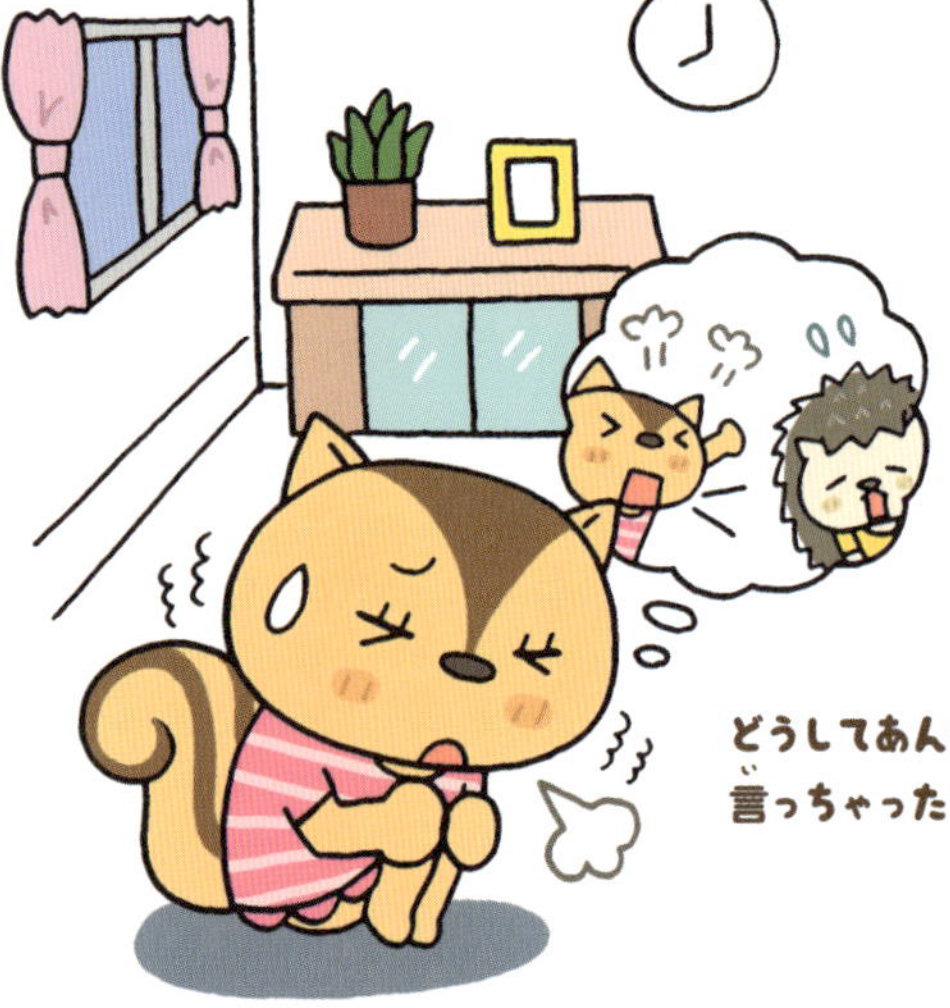
どうしてあんなこと
言《い》っちゃったんだろう……

「ひどいことをしてしまった」と気《き》がついたら……

ステップ4で伝《つた》えたように、ケンカしたときも、おたがいに思《おも》いやりをもつのが理想《りそう》。でも、いつもそううまくはいかない。ケンカをして、その場《ば》の勢《いきお》いでひどいことを言《い》ってしまったり、いじわるなことをしてしまったり。冗《じょう》談《だん》のつもりだったんだけど、相手《あいて》にとってはすごく傷《きず》つく言葉《ことば》を言《い》ってしまったり。大事《だいじ》な約束《やくそく》をやぶってしまったり……。

人《ひと》は冷静《れいせい》になると、自分《じぶん》のあやまちに気《き》づくことができるもの。その時《とき》は気《き》がつかなくても、家《いえ》に帰《かえ》って一人《ひとり》になったときに、「しまった」と後悔《こうかい》したことは、みんなあるだろう。

キミの言動《げんどう》で友《とも》だちや仲間《なかま》、家族《かぞく》を傷《きず》つけてしまったと気《き》がついた後《あと》、キミは謝《あやま》れるだろうか？

苦《にが》いけど重要《じゅうよう》な反省《はんせい》の時間《じかん》

謝《あやま》るのって、すごく勇気《ゆうき》がいることだ。

まず、自分《じぶん》がおこなったひどいことに向《む》き合《あ》わなければいけない。でも自分《じぶん》のあやまちは、はずかしいし、なかったことにしたいものだよね。

でも、そこで、何《なに》が起《お》こったのか、相手《あいて》はどう思《おも》ったのかを深《ふか》く想像《そうぞう》しないと、心《こころ》をこめた「ごめんなさい」は言《い》えない。適当《てきとう》に謝《あやま》られるのって、謝《あやま》られない以上《いじょう》に、イヤな気分《きぶん》になるものでしょう？

また、この反省《はんせい》は、今後《こんご》は自分《じぶん》の言葉《ことば》で人《ひと》を傷《きず》つけないようにしようという、キミの学《まな》びの時間《じかん》にもなる。もしここでその学《まな》びをせず、同《おな》じように人《ひと》を傷《きず》つけることをくり返《かえ》す自分《じぶん》になってしまうほうが、はずかしいことだと思《おも》わないかい？

まずは、自分《じぶん》の心《こころ》を整理《せいり》してみよう

どうして、ハリネズミちゃんに
ひどいことを言《い》っちゃったんだろう？

他《ほか》のことに対《たい》して
イライラしていた

他《ほか》のイライラを
人《ひと》にぶつけるのは
よくない

ハリネズミちゃんに対《たい》
してイライラしていた

イライラしていても、
言《い》ってはいけない
ことがある

仲良《なかよ》しだから、
このくらい言《い》っても
許《ゆる》してくれると思《おも》った

結果《けっか》として、
ハリネズミちゃんを
傷《きず》つけてしまっている

ムカッとしたときも、
言葉《ことば》を口《くち》にする前《まえ》に
一度《いちど》考《かんが》えるようにしよう

今後《こんご》は、
同《おな》じようなことは言《い》わない
ようにしよう

心《こころ》から謝《あやま》ろう

ひどいことを言《い》って、
ごめんなさい……

謝《あやま》るときのポイント

- 自分《じぶん》の悪《わる》かったところをみとめる
- はずかしくても、ふざけたりしないで、まじめに謝《あやま》る
- 相手《あいて》の気持《きも》ちを大事《だいじ》にする

許《ゆる》してもらえないのはどうして？

許《ゆる》してもらえないのは、相手《あいて》の心《こころ》が深《ふか》く傷《きず》ついているから。相手《あいて》の心《こころ》がせまいからではないよ。

キミが友《とも》だちに傷《きず》つけられて、心《こころ》が苦《くる》しいときも、
ムリして「許《ゆる》してあげる」と
言《い》わなくてもいいんだよ。

謝《あやま》ったら、相手《あいて》はどう反応《はんのう》するだろう……？

謝《あやま》っても許《ゆる》してくれないかもしれない、という不安《ふあん》もあるだろう。もう、嫌《きら》われているかもしれない。謝《あやま》ることで、相手《あいて》のいかりを呼《よ》び起《お》こしてしまうかも……。こんなふうに、どんどん、悪《わる》い方向《ほうこう》に考《かんが》えてしまうかもしれないね。

キミの悪《わる》い想像通《そうぞうどお》り、許《ゆる》してもらえない可能性《かのうせい》もある。きびしく冷《つめ》たい言葉《ことば》を返《かえ》されるかもしれないし、謝《あやま》ることすら許《ゆる》されず、話《はなし》も聞《き》いてもらえないかもしれない。

でも、キミが相手《あいて》を傷《きず》つけてしまったことを、キミ自身《じしん》が理解《りかい》しているのならば、相手《あいて》の本音《ほんね》を受《う》け止《と》める責任《せきにん》がキミにあるということもわかるはずだ。

謝《あやま》らなかったら、相手《あいて》もキミに合《あ》わせて、何事《なにごと》もなかったようにふるまうかもしれない。でも、わだかまりは、キミの心《こころ》にも相手《あいて》の心《こころ》にも、残《のこ》ってしまうものだよ。

反省《はんせい》し、謝《あやま》る経験《けいけん》はキミの糧《かて》になる！

でも、そんなに怖《こわ》がらなくても大丈夫《だいじょうぶ》。自分《じぶん》がどう悪《わる》かったのかを理解《りかい》したうえで、心《こころ》から「ごめんなさい」と伝《つた》えたら、相手《あいて》はそれを受《う》け入《い》れてくれることのほうが、圧倒的《あっとうてき》に多《おお》いもの。人《ひと》の誠実《せいじつ》な気持《きも》ち、今後《こんご》は傷《きず》つけないという決意《けつい》は通《つう》じるもの。きっと、「自分《じぶん》の傷《きず》ついた気持《きも》ちを理解《りかい》してくれた」と感《かん》じてくれるはずだよ。

つい、ひどいことを言《い》ってしまったりして、人《ひと》を傷《きず》つけてしまうのは、だれもが経験《けいけん》したことのあるあやまちだ。それをきちんと反省《はんせい》し、謝《あやま》る経験《けいけん》を子《こ》どものうちに積《つ》み重《かさ》ねていけば、人《ひと》に優《やさ》しくできるおとなになって、多《おお》くの人《ひと》と上手《じょうず》に付《つ》き合《あ》えるようになるんだ。

反省《はんせい》から、人《ひと》の痛《いた》みがわかるようになる

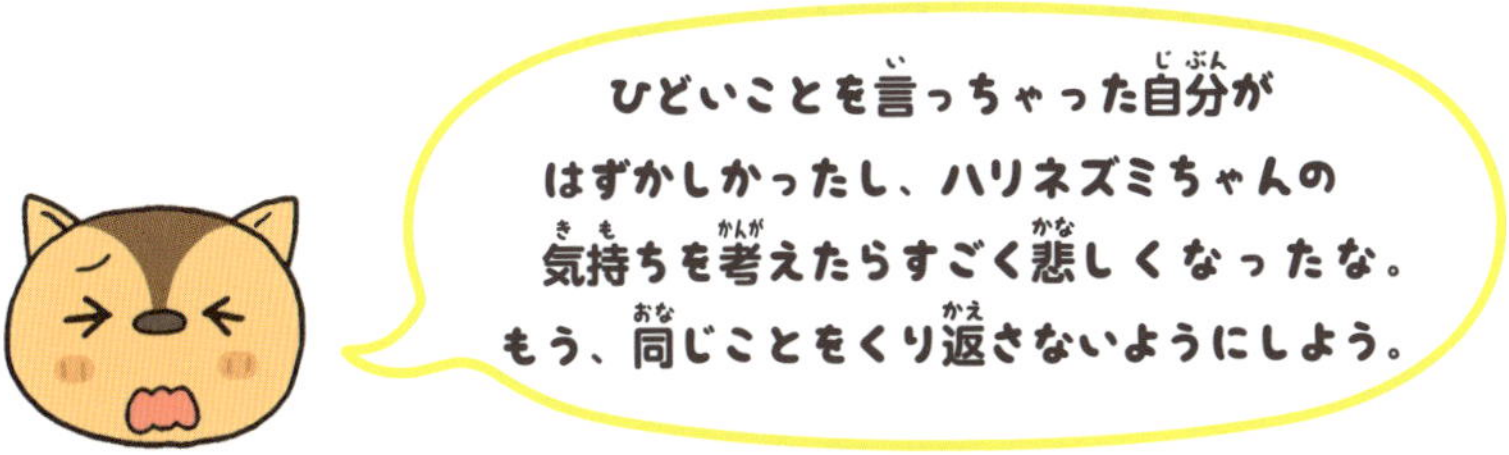
ひどいことを言《い》っちゃった自分《じぶん》が
はずかしかったし、ハリネズミちゃんの
気持《きも》ちを考《かんが》えたらすごく悲《かな》しくなったな。
もう、同《おな》じことをくり返《かえ》さないようにしよう。

ケンカしたときも、ひどいことを言《い》いすぎてしまう前《まえ》に、考《かんが》えられるようになる。

あんたなんて……。
ええと……。

悲《かな》しかったね。
大丈夫《だいじょうぶ》？

傷《きず》ついた人《ひと》の気持《きも》ちによりそえるようになる。

反省《はんせい》する勇気《ゆうき》を知《し》ったから、相手《あいて》の誠意《せいい》を受《う》け取《と》れるようになる。

ううん、わたしの
言《い》い方《かた》もよくなかったよね。
仲直《なかなお》りしよう。

この前《まえ》はごめん……

②キミが友《とも》だちにしてしまったことで、
悪《わる》かったなあと思《おも》っていることを書《か》いてみよう。

46-49ページのこたえ

① C　② B

なぞぺ～

自分《じぶん》の心《こころ》をふり返《かえ》ってみよう！

①キミが友《とも》だちにされてイヤだったことを書《か》いてみよう。

STEP 6

「多数決《たすうけつ》」に納得《なっとく》できない……

「多数決《たすうけつ》」って ほんとうに正《ただ》しいの？

運動会《うんどうかい》で使《つか》う、クラスの旗《はた》のデザインを決《き》めることになった。候補《こうほ》は、A案《あん》とB案《あん》の2つのデザイン。

自分《じぶん》はB案《あん》が好《す》きだなと思《おも》ったんだけど、クラスメイトの間《あいだ》では、A案《あん》のほうが人気《にんき》みたいだ。「A案《あん》のほうがかっこいいよね」「B案《あん》はださいよな……」という声《こえ》があちらこちらから聞《き》こえた。

学級委員《がっきゅういいん》の子《こ》が、「多数決《たすうけつ》を採《と》ります」と言《い》って、A案《あん》がいいと思《おも》う人《ひと》、B案《あん》がいいと思《おも》う人《ひと》にそれぞれ手《て》を挙《あ》げさせることにした。

「A案《あん》がいいと思《おも》う人《ひと》」と学級委員《がっきゅういいん》が言《い》うと、クラスのほとんどの人《ひと》が手《て》を挙《あ》げた。さっき聞《き》こえた、「B案《あん》はださい」という声《こえ》を思《おも》い出《だ》すと、いまさら、B案《あん》がいいって言《い》いにくい……。こんな経験《けいけん》ってないだろうか？

考《かんが》えてみよう

「周《まわ》りの空気《くうき》」に流《なが》された意見《いけん》は正《ただ》しい？

「多数決《たすうけつ》」は、物事《ものごと》を決《き》めるときの手段《しゅだん》の一《ひと》つだ。どれか一《ひと》つの結論《けつろん》を出《だ》さなければいけないときに、より多《おお》くの人《ひと》が良《よ》いと思《おも》った意見《いけん》を採用《さいよう》するのは、たしかにわかりやすくて、平等《びょうどう》な決《き》め方《かた》だよね。

ただし、多数決《たすうけつ》は、「一人《ひとり》ひとりがしっかり考《かんが》えた上《うえ》で」採《と》ることを原則《げんそく》としているんだ。

多数決《たすうけつ》が採《と》られる前《まえ》に、自分《じぶん》の意見《いけん》を伝《つた》えたり、相手《あいて》の意見《いけん》を聞《き》く時間《じかん》はあった？　A案《あん》で困《こま》ることはないか、考《かんが》えてみただろうか？　B案《あん》の良《よ》いところをアピールする機会《きかい》はあっただろうか？　A案《あん》でもB案《あん》でもない、新《あたら》しい提案《ていあん》もできるのでは？

さっきの例《れい》のように、「何《なん》となく」周《まわ》りの空気《くうき》ができてしまっていたら、公平《こうへい》な結果《けっか》とは言《い》えないよね。

多数決《たすうけつ》を採《と》る前《まえ》にしっかり話《はな》し合《あ》おう

①議題《ぎだい》を確認《かくにん》しよう

今日《きょう》は、運動会《うんどうかい》で使《つか》う、クラスの旗《はた》のデザインを決《き》めます。

②自分《じぶん》の意見《いけん》を伝《つた》えよう

わたしは、B案《あん》がかわいくて、いいと思《おも》います。

③他《ほか》の人《ひと》の意見《いけん》も聞《き》こう

A案《あん》は、元気《げんき》な３組《くみ》にピッタリだと思《おも》います。

たしかに、A案《あん》もいいかも！

④もう１回《かい》、どちらがいいか考《かんが》えよう

最初《さいしょ》はB案《あん》がいいと思《おも》ったけど、リスちゃんの話《はなし》を聞《き》くと、A案《あん》のほうがいい気《き》もするなあ。

多数決《たすうけつ》の良《よ》いところ

全員《ぜんいん》の意見《いけん》を集《あつ》められる

1人《り》1票《ぴょう》で、
平等《びょうどう》だね。
とうひょうようし
とうひょうようし
とうひょうようし

より多《おお》くの人《ひと》が
良《よ》いと思《おも》った結果《けっか》になる

A案《あん》
B案《あん》
わたしたちの
意見《いけん》が通《とお》った！

多数決《たすうけつ》の問題点《もんだいてん》

決《き》まったことが
正《ただ》しいとは限《かぎ》らない

3組《くみ》の旗《はた》、6年生《ねんせい》の
マネじゃない？
3くみ

少数意見《しょうすういけん》が
無視《むし》されてしまう

ぼくはB案《あん》のほうが
いいって思《おも》ってたのに！

少数意見《しょうすういけん》が「まちがっている」わけではない！

それから、もう一《ひと》つ。たとえ多数決《たすうけつ》が公平《こうへい》に見《み》える方法《ほうほう》でおこなわれたとしても、その結果《けっか》が「絶対《ぜったい》に正《ただ》しい」というわけではないことも、覚《おぼ》えておいてほしい。

歴史《れきし》をひも解《と》くと、多数派《たすうは》の意見《いけん》を採用《さいよう》したけれども、みんなが望《のぞ》んだ結果《けっか》にはならなかった、ということは、たびたび起《お》こっている。その時《とき》は思《おも》い浮《う》かばなかった問題点《もんだいてん》がかくれていることもあるし、「多数決《たすうけつ》」という手段《しゅだん》では過半数《かはんすう》にはなれない、少数派《しょうすうは》の人《ひと》たちに、問題《もんだい》を押《お》しつけてしまう結果《けっか》になることもあるんだ。「多数《たすう》＝正《ただ》しい」というわけではないんだよ。

だから、多数決《たすうけつ》で一度《いちど》決定《けってい》したあとでも、何《なに》か問題点《もんだいてん》はないか、改善《かいぜん》したほうがいいことはないか、ということは、常《つね》に考《かんが》えていく必要《ひつよう》があるんだよ。

「選《えら》ぶ」手段《しゅだん》として上手《じょうず》に使《つか》おう

そうは言《い》っても、1クラス30人《にん》くらいの人間《にんげん》の意見《いけん》を、一《ひと》つにまとめるのって大変《たいへん》だ。全員《ぜんいん》が満足《まんぞく》できることだったら、そもそも話《はな》し合《あ》いなんてしないからね。何《なに》かを「選《えら》ぶ」手段《しゅだん》としては、多数決《たすうけつ》はやっぱりわかりやすくて、役《やく》に立《た》つものなんだ。

だから、多数決《たすうけつ》が採《と》られるまでの話《はな》し合《あ》いを十分《じゅうぶん》にやったならば、自分《じぶん》の思《おも》う通《とお》りの結果《けっか》にならなかったとしても、決《き》まったことは尊重《そんちょう》しなければならない。

「よし、A案《あん》に決《き》まったなら仕方《しかた》ない。まずはやってみよう！」とサッと心《こころ》に折《お》り合《あ》いをつけて、決《き》まったことに前向《まえむ》きに取《と》り組《く》んでみよう。自分《じぶん》とはちがう考《かんが》えを吸収《きゅうしゅう》することで、自分《じぶん》も成長《せいちょう》できるし、その案《あん》の良《よ》いところも、改善《かいぜん》したほうがいいところも見《み》つかるものだよ。

多数決《たすうけつ》で自分《じぶん》の意見《いけん》が通《とお》らなかったら……

①まずは、決《き》まった意見《いけん》を尊重《そんちょう》しよう

よし、今回《こんかい》はA案《あん》だ。

よく見《み》ると、悪《わる》くない
デザインだ。リスちゃんが
言《い》っていたこともわかる。

②改善《かいぜん》できるところを提案《ていあん》しよう

マネしたつもりは
ないのに、6年生《ねんせい》の
マネって言《い》われちゃった
……。

太陽《たいよう》の周《まわ》りの色《いろ》を、
虹色《にじいろ》にしてみるのはどう？
イメージが変《か》わるし、
にぎやかになるよ。

多数派《たすうは》の意見《いけん》にも、少数派《しょうすうは》の意見《いけん》にも、
いいところはたくさんある。
それらをどう活《い》かすかが、大事《だいじ》なんだね。

①クラスの意見《いけん》を多数決《たすうけつ》で１つにまとめてから、クラス代表《だいひょう》が多数決《たすうけつ》を採《と》った場合《ばあい》、票《ひょう》が多《おお》くなるのはどちらかな？　当《あ》てはまるほうに◯をつけよう。

サッカー　　　　バスケットボール

②５年生全員《ねんせいぜんいん》で多数決《たすうけつ》を採《と》った場合《ばあい》、票《ひょう》が多《おお》くなるのはどちらかな？　当《あ》てはまるほうに◯をつけよう。

サッカー　　　　バスケットボール

③キミは、①と②のどちらの選《えら》び方《かた》のほうが、みんなが満足《まんぞく》できると思《おも》う？　理由《りゆう》も書《か》いてみよう。

〔理由《りゆう》〕

→こたえは 76 ページ

なぞぺ〜

多数決《たすうけつ》を採《と》ろう！

5年生《ねんせい》はスポーツ大会《たいかい》で何《なん》の競技《きょうぎ》をおこなうか、学年全体《がくねんぜんたい》で決《き》めるよ。1～5組《くみ》のクラスごとにそれぞれ、サッカーにするか、バスケットボールにするか投票《とうひょう》をおこなったところ、以下《いか》のようになったよ。

	1組《くみ》	2組《くみ》	3組《くみ》	4組《くみ》	5組《くみ》
サッカー	20	13	22	14	23
バスケットボール	19	24	16	20	15
その他《た》	1	3	2	5	1

STEP 7

男女《だんじょ》いっしょに遊《あそ》ぶとバカにされる……

小学校低学年《しょうがっこうていがくねん》のころは仲良《なかよ》しだったのに……

「最近《さいきん》、Aちゃん、男《おとこ》の子《こ》とばっかり遊《あそ》んでいない？」

「Bくんって、ぼくたちより、女《おんな》の子《こ》と遊《あそ》ぶのが好《す》きだよな」

こういうことを言《い》ってしまったり、言《い》われてしまったりした経験《けいけん》がある人《ひと》もいるんじゃないかな。

これは小学校高学年《しょうがっこうこうがくねん》くらいから増《ふ》えてくるなやみだ。昔《むかし》は気《き》にしていなかった、男《おとこ》の子《こ》と女《おんな》の子《こ》っていう区別《くべつ》がすごく大《おお》きく見《み》えてきて、男《おとこ》の子《こ》どうし、女《おんな》の子《こ》どうしで遊《あそ》ぶことが多《おお》くなる。それで、男女《だんじょ》いっしょに遊《あそ》んでいると目立《めだ》ってしまうんだね。「異性《いせい》の子《こ》と遊《あそ》んでいるのを見《み》られたくない」というなやみや、逆《ぎゃく》に、「同性《どうせい》どうしで遊《あそ》ぶのは好《す》きじゃない自分《じぶん》はおかしいのかな」というなやみをかかえている子《こ》はけっこう多《おお》い。

意識《いしき》してしまう気持《きも》ちは自然《しぜん》なもの

小学校高学年《しょうがっこうこうがくねん》くらいから、急《きゅう》に異性《いせい》を意識《いしき》して距離《きょり》を置《お》いてしまうこと自体《じたい》は、おかしなことじゃない。おとなになるうえで通《とお》る道《みち》だ。今《いま》は何《なん》だか話《はな》すだけでもはずかしい気《き》がするかもしれないけど、もっとおとなになれば、また当《あ》たり前《まえ》のように異性《いせい》の子《こ》と話《はな》せる日《ひ》がくるものだ。

この、異性《いせい》の子《こ》と距離《きょり》を置《お》きたい、異性《いせい》の子《こ》と話《はな》すのがはずかしいという自分《じぶん》の気持《きも》ちから、他《ほか》の子《こ》が異性《いせい》と仲良《なかよ》くしていると、「あの子《こ》ははずかしいことをしている」というふうに思《おも》えてしまうのかもしれない。次《つぎ》のステップ8で説明《せつめい》するけれど、キミたちは、「人《ひと》とちがう」ことがすごく気《き》になってしまう時期《じき》にいるんだ。

子《こ》どもとおとなの間《あいだ》の時期《じき》

からだつきがおとなの男性《だんせい》・女性《じょせい》に近《ちか》づいてくる。

異性《いせい》の子《こ》といると、同性《どうせい》の子《こ》といるときよりも緊張《きんちょう》する。

今《いま》までは思《おも》ってもいなかったような、自分《じぶん》や他人《たにん》についてのなやみが出《で》てくる。

異性《いせい》の子《こ》のことが気《き》になる。すてきだなと感《かん》じたり、逆《ぎゃく》に、イヤだなと感《かん》じたりする。

周《まわ》りの子《こ》が、異性《いせい》の子《こ》とどういう風《ふう》に接《せっ》しているのか気《き》になる。

考《かんが》え方《かた》、感《かん》じ方《かた》は、人《ひと》によってそれぞれちがうよ。「異性《いせい》の子《こ》に対《たい》してとくにドキドキしたりしない」と思《おも》ったキミも、そのままで大丈夫《だいじょうぶ》だよ。

目《め》の前《まえ》の友《とも》だちを大切《たいせつ》にしよう！

もちろん、小学校高学年《しょうがっこうこうがくねん》以降《いこう》で異性《いせい》の子《こ》と仲良《なかよ》くするのも、まったくはずかしいことじゃない。壁《かべ》をつくることなく、だれとでも話《はな》せるのは、キミの人生《じんせい》を豊《ゆた》かにする、すばらしいことだ。また、同性《どうせい》と遊《あそ》ぶのが苦手《にがて》な子《こ》も、気《き》にしなくて大丈夫《だいじょうぶ》。人《ひと》の心《こころ》は常《つね》に変《か》わっていくものだから、異性《いせい》の友《とも》だちと気《き》が合《あ》うときもあれば、同性《どうせい》の友《とも》だちと気《き》が合《あ》うときもあるものだよ。

あまり深《ふか》く考《かんが》えすぎずに、目《め》の前《まえ》にいる友《とも》だちを大切《たいせつ》にする気持《きも》ちをもっていれば、周《まわ》りからのイヤな声《こえ》は自然《しぜん》と聞《き》こえなくなってくるもの。

人間関係《にんげんかんけい》は、「一期一会《いちごいちえ》」、つまり「一生《いっしょう》に一度《いちど》の出会《であ》い」だ。自分《じぶん》の気持《きも》ちに正直《しょうじき》になってほしいと思《おも》うな。

○○だから、仲良《なかよ》し！

サッカーが好《す》きだから、仲良《なかよ》し！ リスちゃんはパス回《まわ》しが得意《とくい》なんだ。

本《ほん》が好《す》きだから、仲良《なかよ》し！ トビネズミくんが貸《か》してくれる本《ほん》は、いつもおもしろいの。

おしゃれが好《す》きだから、仲良《なかよ》し！ 雑誌《ざっし》の最新号《さいしんごう》の話題《わだい》で盛《も》り上《あ》がるよ。

1年後《ねんご》

68-69 ページのこたえ

①サッカー　②バスケットボール

③

①

〔理由《りゆう》〕

クラスで団結《だんけつ》する競技《きょうぎ》だから、クラスとしての考《かんが》えを先《さき》に決《き》めてから多数決《たすうけつ》をおこなう①のほうが良《よ》いと思《おも》う。

②

〔理由《りゆう》〕

バスケットボールをやりたいと思《おも》っている人《ひと》のほうが多《おお》いから、②のほうが良《よ》いと思《おも》う。

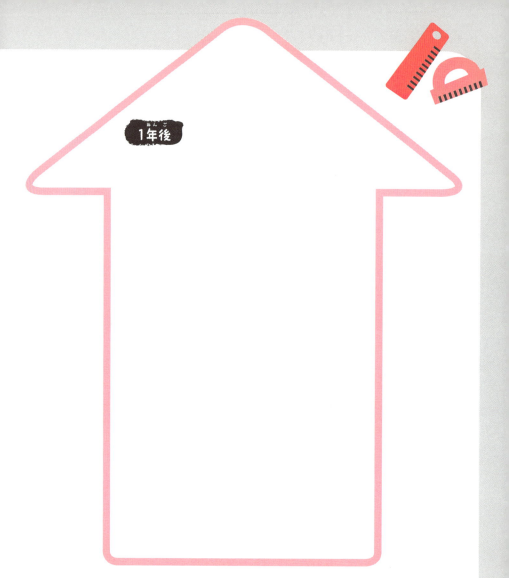

なぞぺ〜

未来《みらい》を語《かた》ろう！ その1

3ヵ月後《げつご》、半年後《はんとしご》、1年後《ねんご》に、キミは、何《なに》ができるようになっていたいかな？ 目標《もくひょう》を書《か》いてみよう。

3ヵ月後《げつご》

半年後《はんとしご》

STEP

8

人《ひと》からどう見《み》られているのか気《き》になる……

周《まわ》りの人《ひと》に「変《へん》だ」って思《おも》われている気《き》がする……

ないしょ話《ばなし》をされている気《き》がしたり、自分《じぶん》がいないところで悪口《わるぐち》を言《い》われているんじゃないかって気《き》になってしまったり。根拠《こんきょ》はないんだけど、何《なん》となくそう感《かん》じてしまうことってないかな？

急《きゅう》に、周《まわ》りの人《ひと》が自分《じぶん》のことを「変《へん》だ」って思《おも》っている気《き》がして、今《いま》までは気《き》にしていなかった、下着《したぎ》のシャツが背中《せなか》から出《で》ていることが急《きゅう》にはずかしくなったり、寝《ね》ぐせを直《なお》してから学校《がっこう》に行《い》くようになったりしたかもしれない。また、ノートの字《じ》なんかも、「人《ひと》に見《み》られたらはずかしい」って思《おも》ったりしているんじゃないかな。

今《いま》までは気《き》にならなかったさまざまなことが急《きゅう》に気《き》になりだして、不安《ふあん》に思《おも》ったり、つかれてしまったりしているかもしれないね。

「マナー」を身《み》につけている途中《とちゅう》だから！

人《ひと》の目《め》が気《き》になるのは、健全《けんぜん》な成長《せいちょう》のサインだ。子《こ》どものころは気《き》にならなかった、「一般的《いっぱんてき》なマナー」を意識《いしき》し始《はじ》めている時期《じき》と言《い》えるのかもしれない。でも、まだ、おとなのように、自然《しぜん》にマナーが身《み》についているわけじゃないから、何《なに》が正《ただ》しくて、何《なに》がまちがっているのか、自分《じぶん》のやっていることは正《ただ》しいのか、すごく気《き》になってしまうんだよ。

つまり、人《ひと》はキミのことを話《はな》しているわけではないんだけど、ちがいをおそれるキミの心《こころ》が、「見《み》られているのかも」という疑《うたが》いを大《おお》きくしているんじゃないかな。

これはキミだけではなくて、同《おな》じ年《とし》ごろの他《ほか》の子《こ》もみんな同《おな》じように感《かん》じているものだから、心配《しんぱい》しなくて大丈夫《だいじょうぶ》だよ。

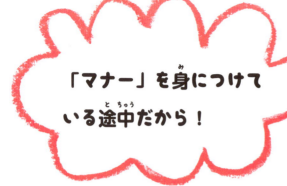

人《ひと》の目《め》が気《き》になる時期《じき》

リスちゃんはおしゃれでかわいい。

ネコ先生《せんせい》のことを尊敬《そんけい》している。あんなおとなになりたい。

町《まち》でいろんな人《ひと》とすれちがう。あの人《ひと》はかっこいい。あの人《ひと》はちょっと変《へん》。

周《まわ》りの人《ひと》のことがすごく気《き》になる……

ということは……

ぼくも、周《まわ》りの人《ひと》に見《み》られている……？

ネコ先生《せんせい》に「良《よ》い子《こ》」だと思《おも》われたい。「困《こま》った子《こ》」と思《おも》われていたらどうしよう。

町《まち》の人《ひと》は、ぼくのことをどう思《おも》っているだろう？

おしゃれなリスちゃんから見《み》て、ぼくってださいのかな？

「人《ひと》からよく見《み》られたい」もいいきっかけになる！

　また、キミたちくらいの年《とし》ごろになると、「人《ひと》から良《よ》く見《み》られたい」という気持《きも》ちも、芽生《めば》えるようになる。「○○ちゃんは友《とも》だちの中《なか》でいちばんおしゃれ」って思《おも》われたかったり、「2組《くみ》でいちばん足《あし》が速《はや》いのは○○くんだよね」って言《い》われたかったり。とくに、好《す》きな子《こ》ができたりなんてしたら、かっこよく見《み》られたいとか、かわいらしく見《み》られたいって思《おも》うものだ。

　これもまた、大事《だいじ》なことだ。「○○さんにかっこいいって思《おも》われたい」という気持《きも》ちは、身《み》だしなみを整《ととの》えたり、勉強《べんきょう》やスポーツをがんばったり、人《ひと》に親切《しんせつ》にしたりと、自分《ぶん》をみがく大《おお》きなきっかけになるもの。そこから、練習《れんしゅう》を続《つづ》けるコツや、人《ひと》に親切《しんせつ》にする勇気《ゆうき》を知《し》って、成長《せいちょう》していくことができるようになるんだ。

「よく思《おも》われたい！」から成長《せいちょう》する例《れい》

もうすぐマラソン大会《たいかい》。
みんなに「かっこいい！」と
思《おも》われるために、練習《れんしゅう》しよう。

マラソン大会《たいかい》で優勝《ゆうしょう》！
走《はし》るのが得意《とくい》になったら、
サッカーも強《つよ》くなったよ。

わたしは気《き》が利《き》くすてきな
女《おんな》の子《こ》だから、席《せき》だって
ゆずれるんだ。

とても喜《よろこ》んでもらえた！
これからは、困《こま》っている人《ひと》に
席《せき》をゆずるようにしよう。

人《ひと》の目《め》ばかりを気《き》にしていると……

人《ひと》が見《み》ていないときは、
さぼりたくなっちゃう……。

ほめられないと、
満足《まんぞく》できなくなっちゃう……。

自分《じぶん》の成長《せいちょう》を自分《じぶん》でほめよう！

人《ひと》が見《み》ていなくても、
自分《じぶん》には自分《じぶん》の行動《こうどう》がわかる。
「理想《りそう》の自分《じぶん》」を思《おも》い描《えが》いて
みよう。

記録《きろく》をつけると、
過去《かこ》の自分《じぶん》からどれだけ
成長《せいちょう》したのかがすぐに
わかるよ。

自分《じぶん》をみがくことが大事《だいじ》！

ただし、「人《ひと》がどう思《おも》うか」はあくまで「きっかけ」であって、それが「目的《もくてき》」になってしまわないように、気《き》をつけてほしい。つまり、「人《ひと》がどう思《おも》っているか」で自分《じぶん》を評価《ひょうか》するのではなくて、「自分《じぶん》がどれだけ成長《せいちょう》しているのか」を見《み》つめてほしい。昨日《きのう》よりも今日《きょう》、今日《きょう》より明日《あした》と、自分《じぶん》の成長《せいちょう》のために自分《じぶん》の時間《じかん》を使《つか》ってほしいんだ。

実際《じっさい》、「この人《ひと》は魅力的《みりょくてき》だな」と思《おも》うのは、かっこうつけている子《こ》よりも、何《なに》か一《ひと》つのことが大好《だいす》きで、わき目《め》もふらずうちこんでいる、「自然体《しぜんたい》」の子《こ》だったりしないかい？

人《ひと》の目《め》が気《き》になるのはキミが成長《せいちょう》している証《あかし》。でも、そこを乗《の》り越《こ》えて、「理想《りそう》の自分《じぶん》」に近《ちか》づける人《ひと》になることが、大事《だいじ》なことなんじゃないかな。

③キミは、どんなおとなになりたい？

こう考《かんが》えてみよう

お仕事《しごと》について、生《い》き方《かた》について、いろいろ考《かんが》えてみよう。

ヒント　キミのあこがれの人《ひと》ってどんな人《ひと》？

こう考《かんが》えてみよう

①～③がうまく書《か》けなかったら、キミのあこがれの人《ひと》について考《かんが》えてみよう。お家《うち》の人《ひと》やキミの身近《みぢか》な人《ひと》でも、有名人《ゆうめいじん》でもいいよ。その人《ひと》の、どういうところにあこがれているのかな？

なぞぺ〜 未来《みらい》を語《かた》ろう！ その2

キミは、どんなおとなになりたい？ 将来《しょうらい》について、考《かんが》えてみよう。

①キミは、どんな中学生《ちゅうがくせい》になりたい？

こう考《かんが》えてみよう

小学生《しょうがくせい》と中学生《ちゅうがくせい》のちがいって、何《なん》だろう？

②キミは、中学校《ちゅうがっこう》を卒業《そつぎょう》したら、どんな学校《がっこう》に行《い》きたい？

こう考《かんが》えてみよう

勉強《べんきょう》に力《ちから》を入《い》れている学校《がっこう》、部活動《ぶかつどう》に力《ちから》を入《い》れている学校《がっこう》、将来《しょうらい》のお仕事《しごと》に近《ちか》づくための訓練《くんれん》ができる学校《がっこう》など、いろいろな学校《がっこう》があるよ。調《しら》べてみよう。

STEP 9

人《にん》間《げん》関《かん》係《けい》の問《もん》題《だい》に答《こた》えってあるんだろうか？

友《とも》だちどうしの間《あいだ》にはさまれた！

Aさん「最近《さいきん》、Bがちょっとめんどうくさくない？」

Bさん「Aって空気読《くうきよ》めないところあるよね？」

友《とも》だちどうしの間《あいだ》にはさまれてしまうことって、よくあるよね。

キミとAさん、Bさんの3人《にん》グループの場合《ばあい》や、キミとAさん、キミとBさんでそれぞれ仲《なか》が良《よ》くて、AさんとBさんはあまり接点《せってん》がない場合《ばあい》。他《ほか》にもいろいろあるかな。

大切《たいせつ》な友《とも》だちのことをちょっと悪《わる》く言《い》っているのも、また大切《たいせつ》な友《とも》だち。こういう時《とき》って、どちらとももめたくないから、どちらにもいい顔《かお》をしてしまいがちだ。

そんな状況《じょうきょう》を誠実《せいじつ》に書《か》いた、6年生《ねんせい》の作文《さくぶん》を紹介《しょうかい》しよう。

何《なに》かの参考《さんこう》になるかもしれないよ。

「まぁ、それな」

六年《ろくねん》　S・N

ぼくには、少《すこ》し悪《わる》いクセがある。それは、自分《じぶん》が人《ひと》にせめられないようにすることだ。仲間《なかま》はずれにされないために、二人《ふたり》がケンカをしているときは、頼《たよ》られたらその人《ひと》をはげまし、もう一人《ひとり》になにか言《い》われたらそちらもはげます。要《よう》するに、もう一方《いっぽう》がいないときはその味方《みかた》についてしまうということだ。

前《まえ》、二《ふた》つのチームに分《わ》けて同《おな》じ劇《げき》をアレンジしてやるとき、自分《じぶん》はAチームの主役《しゅやく》で劇《げき》をいいようにしたいと思《おも》っていた。すると、AチームとBチームのケンカが始《はじ》まった。「パクったでしょ」「パクってないし」というケンカだ。正直《しょうじき》自分《じ》自身《ぶんじしん》はケンカの原因《げんいん》でもなく、くだらないと思《おも》っていたのであまり関《かか》わりたくなかった。でも、主役《しゅやく》だからやはり巻《ま》き込《こ》まれた。Aチームは自分《じぶん》がいるチームだし、Bチームはとても仲《なか》の良《よ》い友《とも》だちがいて、どちらにもつけなかった。だから、Aチームにいるときは意見《いけん》を聞《き》いてあげたり納得《なっとく》してあげたりし、Bの友《とも》だちにもAチームと同《おな》じことをしていたのだ。結局《けっきょく》、大《おお》ゲンカのときにせめられはしなかったのでよかったとは思《おも》ったけど、現在《げんざい》でもあまりよくない記憶《きおく》として残《のこ》っている。自分《じぶん》がせめられたくないがゆえに「まぁ」「それな」が口《くち》ぐせになった。人《ひと》の心《こころ》にグサッと刺《さ》したくないという理由《りゆう》もある。人《ひと》に迷惑《めいわく》をかけていないが、やはり自分《じぶん》の身《み》を最優先《さいゆうせん》にしているので、これももしかしたら自己中《じこちゅう》なのかもしれない。

人《ひと》はなぜうそをつくのか。人《ひと》のため、または自分《じぶん》のため。しかしぼくがつくのは自分《じぶん》のためなのであまりよいうそではないと思《おも》う。これからは先《さき》をおそれず、自分《じぶん》の意見《いけん》をしっかり人《ひと》に伝《つた》えられるようになりたい。そして流《なが》されないようになりたい。

どちらにも良《よ》い顔《かお》をしたい……

Aチームの仲間《なかま》と…

Bチームのやつら、
絶対《ぜったい》おれたちの劇《げき》を
まねしてるよな。

Bチームの友《とも》だちと…

Aチームのやつらって調子《ちょうし》
乗《の》ってるよな。同《おな》じチームで
たいへんだな。

まあな。
ぼくもそう思《おも》うよ。

それなー。
ぼくも困《こま》ってるんだよな。

人間関係《にんげんかんけい》のなやみは一生続《いっしょうつづ》く

自分《じぶん》のイヤなところに向《む》き合《あ》った、とても正直《しょうじき》な作文《さくぶん》だよね。「わたしもこういうことがあった」って思《おも》った子《こ》も多《おお》いんじゃないかな。

ぼくも共感《きょうかん》したよ。「えっ、おとななのに？」って思《おも》ったかな？　残念《ざんねん》だけど、おとなでも答《こた》えは出《で》ないんだ。

人間関係《にんげんかんけい》って難《むずか》しい。それは、「こうすればうまくいく！」という絶対《ぜったい》の答《こた》えなんてなくて、その時《とき》によって正解《せいかい》が変《か》わるからじゃないかな。グチや文句《もんく》も、ほんとうに相手《あいて》がきらいだったり、相手《あいて》に変《か》わってほしいと思《おも》っていたりして言《い》うわけじゃなくて、ちょっと聞《き》いてほしい、心《こころ》に留《と》めておいてほしいって思《おも》って言《い》っていることもある。

人間関係《にんげんかんけい》のなやみは、一生続《いっしょうつづ》いていくなやみ。深《ふか》く深《ふか》く考《かんが》える、哲学《てつがく》の始《はじ》まりと言《い》えるのかもしれないね。

ずるいやつがいる

Bくんは、えらそうで、めんどうなことは絶対《ぜったい》にやらないんだ。この間《あいだ》は、サッカーボールをかたづけるのはBくんの番《ばん》だったはずなのに、ぼくにおしつけて帰《かえ》ってしまった。

新《あたら》しい学校《がっこう》になじめない

わたしは4年生《ねんせい》の途中《とちゅう》で転校《てんこう》したんだ。前《まえ》の学校《がっこう》では、みんな、幼稚園《ようちえん》のころからいっしょで、気《き》がついたときには友《とも》だちだった子《こ》ばかり。今《いま》さら、どうやって友《とも》だちをつくればいいのか、わからないよ。

「いい子《こ》ぶってる」って言《い》われる

禁止《きんし》されていることをしている子《こ》に注意《ちゅうい》したら、「いい子《こ》ぶっているよな～」と言《い》われて、仲間《なかま》はずれにされてしまった。

Cくんと自転車《じてんしゃ》で遊《あそ》んでいて、ぶつかってしまった。ぼくはケガをしなかったけど、Cくんは転《ころ》んで、指《ゆび》の骨《ほね》にヒビが入《はい》った。そのせいで、Cくんは、大事《だいじ》な水《すい》泳《えい》の試合《しあい》に出《で》られなくなってしまったんだ。

友《とも》だちにケガをさせてしまった

ぼくのなやみ、わたしのなやみ

人《ひと》のものがほしくなる

友《とも》だちが持《も》っているものが、どうしてもほしくなる。同《おな》じものを買《か》うんだけど、「マネしたでしょ」と言《い》われるのがイヤで、「ぐうぜん買《か》っただけ」と言《い》い張《は》ってしまう。

ウソをついてしまう

「ぼくのお父《とう》さんパイロットなんだ」とか、「ぼくのいとこが遊園地《ゆうえんち》で働《はたら》いているから、行《い》きたい放題《ほうだい》なんだ」とか、「いいなー」と言《い》われるために、ついウソをついてしまう。

先生《せんせい》が怖《こわ》い

わたしは、先生《せんせい》におこられることがすごく怖《こわ》い。宿題《しゅくだい》をわすれた子《こ》や、授業中《じゅぎょうちゅう》にふざけた子《こ》が、先生《せんせい》におこられているのを聞《き》くと、自分《じぶん》がおこられるように感《かん》じて、ドキドキしてしまう。

ある子《こ》から
きらわれている

Aちゃんは、わたしにだけきつい態度《たいど》になる。ぐうぜん、Aちゃんにぶつかってしまったとき、「ごめんね」と謝《あやま》ったのに、にらまれた。他《ほか》の子《こ》に対《たい》してはそんなことしないのに。

②牛《うし》とぶたと鳥《とり》で、平等《びょうどう》におやつを分《わ》けられるように線《せん》で区《く》切《ぎ》ろう。

→こたえは 106 ページ

なぞぺ〜

平等《びょうどう》におやつを分《わ》けよう！

①牛《うし》とぶたで、平等《びょうどう》におやつを分《わ》けられるように線《せん》で区切《くぎ》ろう。

こう考《かんが》えてみよう

おやつの数《かず》を数《かぞ》えて、それぞれいくつずつもらえるように分《わ》ければいいかを考《かんが》えてみよう。

STEP

10

それでも、わたしたちが友《とも》だちを求《もと》める理由《りゆう》

人間関係《にんげんかんけい》は難《むずか》しいもの

ここまで読《よ》んでくれたキミは、「友《とも》だちは少《すく》なくたっていい」「友《とも》だち関係《かんけい》はこわれたっていい」と聞《き》いて、不安《ふあん》になったかもしれない。

不安《ふあん》になっていいんだ。それは、これからの人間関係《にんげんかんけい》をより良《よ》くしたいと願《ねが》っている証《あかし》だから。

キミがおとなになって、いつか死《し》んでしまうその日《ひ》まで、「人間関係《にんげんかんけい》」はずっと続《つづ》いていく。長《なが》い人生《じんせい》、せっかくなら、心《こころ》から信頼《しんらい》できる友《とも》だちに出会《であ》って、豊《ゆた》かな毎日《まいにち》を送《おく》りたいよね。子《こ》どももおとなもみんな、そう思《おも》っている。

だからこそ、「人間関係《にんげんかんけい》は、日々《ひび》こころが動《うご》いている、生身《なまみ》の人間《にんげん》と生身《なまみ》の人間《にんげん》の関《かか》わりなのだから、うまくいくときばかりではない」ということを、覚《おぼ》えておいてほしいと思《おも》って、この本《ほん》を書《か》いたんだ。

それでも、みんな「友《とも》だち」を求《もと》めている

友《とも》だち関係《かんけい》が何度《なんど》こわれても、友《とも》だちとたくさんケンカをしても、ぼくたちが友《とも》だちを求《もと》めるのは、なぜだろう。

それは、誰《だれ》かに認《みと》められたり、必要《ひつよう》とされたり、人《ひと》の暖《あたた》かさにふれたりすることで、「自分《じぶん》はここに存在《そんざい》しているんだ」ということに気《き》がつけるからなんだ。

これを、「存在意義《そんざいいぎ》」と呼《よ》ぶよ。

「自分《じぶん》はここに生《い》きている」「生《い》きていていいんだ」「一生懸命毎日《いっしょうけんめいまいにち》がんばっていいんだ」と伝《つた》えてくれる何《なに》かが、人《ひと》と人《ひと》とのつながりのなかにあるんだ。

人《ひと》とのつながりを築《きず》いていくなかで、キミがキミの人生《じんせい》を歩《あゆ》んでいるということを証明《しょうめい》してくれるんだ。人間関係《にんげんかんけい》を築《きず》いていくことは、キミの人生《じんせい》そのものなんだね。

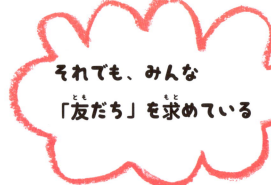

「存在意義《そんざいいぎ》」をたしかめられる時《とき》

あいさつされて……

リスちゃん、
おはよう！
新《あたら》しいクラスって
慣《な》れないな……
名前《なまえ》を覚《おぼ》えて
もらえた。わたし、
このクラスの一員《いちいん》に
なったんだなあ。
ドキドキ

なぐさめられて……

ハリネズミちゃん、
ドンマイ！
みんなに迷惑《めいわく》
かけてばかり……
迷惑《めいわく》だって思《おも》われて
いないんだ。わたしは
ここにいていいんだ！

ウサギくん、また
トビネズミくんとケンカ
したのか。

2人《り》とも、言《い》い方《かた》が
きつくなりやすいからなあ。
ぼくも気《き》をつけよう。

遠足《えんそく》の班《はん》、
どうしようかな……。

今度《こんど》の遠足《えんそく》では、他《ほか》の子《こ》と
班《はん》になる約束《やくそく》をしているんだ。
どういう言《い》い方《かた》をしたら、
傷《きず》つけずに伝《つた》えられるかな？

自分《じぶん》を見《み》つめ返《かえ》すと、自分《じぶん》が傷《きず》ついた時《とき》には、
傷《きず》ついたことをみとめて、自分《じぶん》の心《こころ》に優《やさ》しくすることも
できるね。こうやって、自分《じぶん》をたいせつにする気持《きも》ち、
「自尊心《じそんしん》」を育《そだ》てていくことができるんだ。

「自分《じぶん》を見《み》つめ返《かえ》す」ということ

さっき、リスちゃんに
対《たい》して、バカにした言《い》い方《かた》
になっていなかったかな？

よくない言《い》い方《かた》だったな。

次《つぎ》に会《あ》ったとき、
きちんと謝《あやま》ろう。

いつもと同《おな》じような雑談《ざつだん》
だったのに、
なんかモヤモヤするな。

どうしてそう
感《かん》じるのかな？

また、きつい言《い》い方《かた》を
しちゃったな。

それって、
かっこよくないな。

今度《こんど》から
気《き》をつけよう。

自分《じぶん》をたいせつにしよう

ここまで、この本《ほん》を手《て》に取《と》ったキミに、人間関係《にんげんかんけい》についていろいろな話《はなし》をしてきた。結局《けっきょく》、人間関係《にんげんかんけい》を築《きず》くうえで、いちばん大切《たいせつ》なことって何《なん》だと思《おも》う？

それは、「自分《じぶん》を大切《たいせつ》にする」ということだ。

大切《たいせつ》にするというのは、自分《じぶん》にあまくするということではない。どんな時《とき》も、自分《じぶん》の言動《げんどう》を見《み》つめ返《かえ》す時間《じかん》を大切《たいせつ》にするということだ。「今《いま》の伝《つた》え方《かた》で相手《あいて》はイヤな気持《きも》ちにならなかったかな？」「相手《あいて》にひどいことを言《い》われてイヤな気持《きも》ちになったけど、自分《じぶん》には悪《わる》いところはなかったかな？」みたいにね。

もちろん、自分《じぶん》を見《み》つめなおした結果《けっか》、「今《いま》の自分《じぶん》は悪《わる》くない！」という答《こた》えにたどり着《つ》くこともある。そんな時《とき》は、自分《じぶん》を思《おも》い切《き》りほめてあげてほしい。自分《じぶん》を認《みと》めてあ

げてほしい。自分《じぶん》のいちばんの味方《みかた》は自分《じぶん》なのだから。

自分《じぶん》に正直《しょうじき》に向《む》き合《あ》い続《つづ》けていれば、人間関係《にんげんかんけい》をつくる経験《けいけん》も、こわす経験《けいけん》も、人《ひと》としての「幅《はば》」になる。こんな人《ひと》もいるんだ、あんな人《ひと》もいるんだ、自分《じぶん》にはない考《かんが》え方《かた》だな、吸収《きゅうしゅう》したいな……といったふうにね。

そうやって、自分《じぶん》と向《む》き合《あ》い続《つづ》けて、心《こころ》が豊《ゆた》かになっていくキミの周《まわ》りには、必《かなら》ずキミを信頼《しんらい》してくれる友《とも》だちが集《あつ》まってくる。寒《さむ》いときに温《あたた》かい場所《ばしょ》に人《ひと》が集《あつ》まるように、暑《あつ》いときに涼《すず》しい場所《ばしょ》に人《ひと》が集《あつ》まるように。

そういう風《ふう》に、世《よ》の中《なか》はできていると、ぼくは思《おも》うんだ。

② お家《うち》の人《ひと》や友《とも》だちへの感謝《かんしゃ》を、「ありがとう」という言葉《ことば》を使《つか》わずに表現《ひょうげん》してみよう。

こう考《かんが》えてみよう

「夕飯《ゆうはん》に好物《こうぶつ》のカレーライスをつくってくれたこと」、「遊《あそ》びにさそってくれたこと」など、具体的《ぐたいてき》な例《れい》を考《かんが》えると、言葉《ことば》にしやすいよ。

96-97ページのこたえ

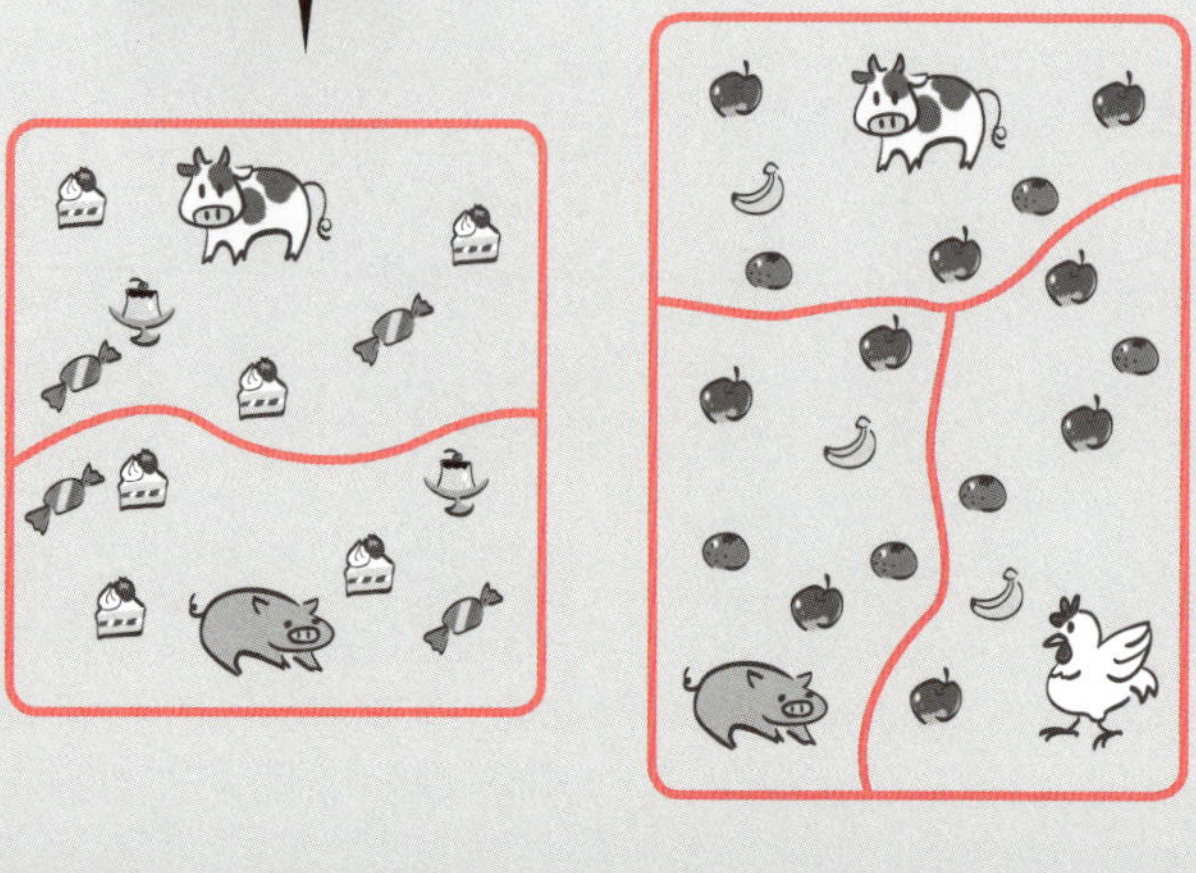

なぞぺ～ 気持《きも》ちや思《おも》いを表現《ひょうげん》しよう！

① 自分《じぶん》が好《す》きなものについて、「好《す》き」という言葉《ことば》を使《つか》わずに表現《ひょうげん》してみよう。

こう考《かんが》えてみよう

好《す》きな食《た》べ物《もの》、あこがれの人《ひと》、趣味《しゅみ》……
いろいろなものについて考《かんが》えられるね。
例《れい》：ゼリーの好《す》きなところ
ぷるぷるの見《み》ため／つるっとした食感《しょっかん》／冷蔵庫《れいぞうこ》を開《あ》けて入《はい》っているとわくわくする／かぜを引《ひ》いたときにお母《かあ》さんが買《か》ってきてくれる、特別《とくべつ》なおやつ　など

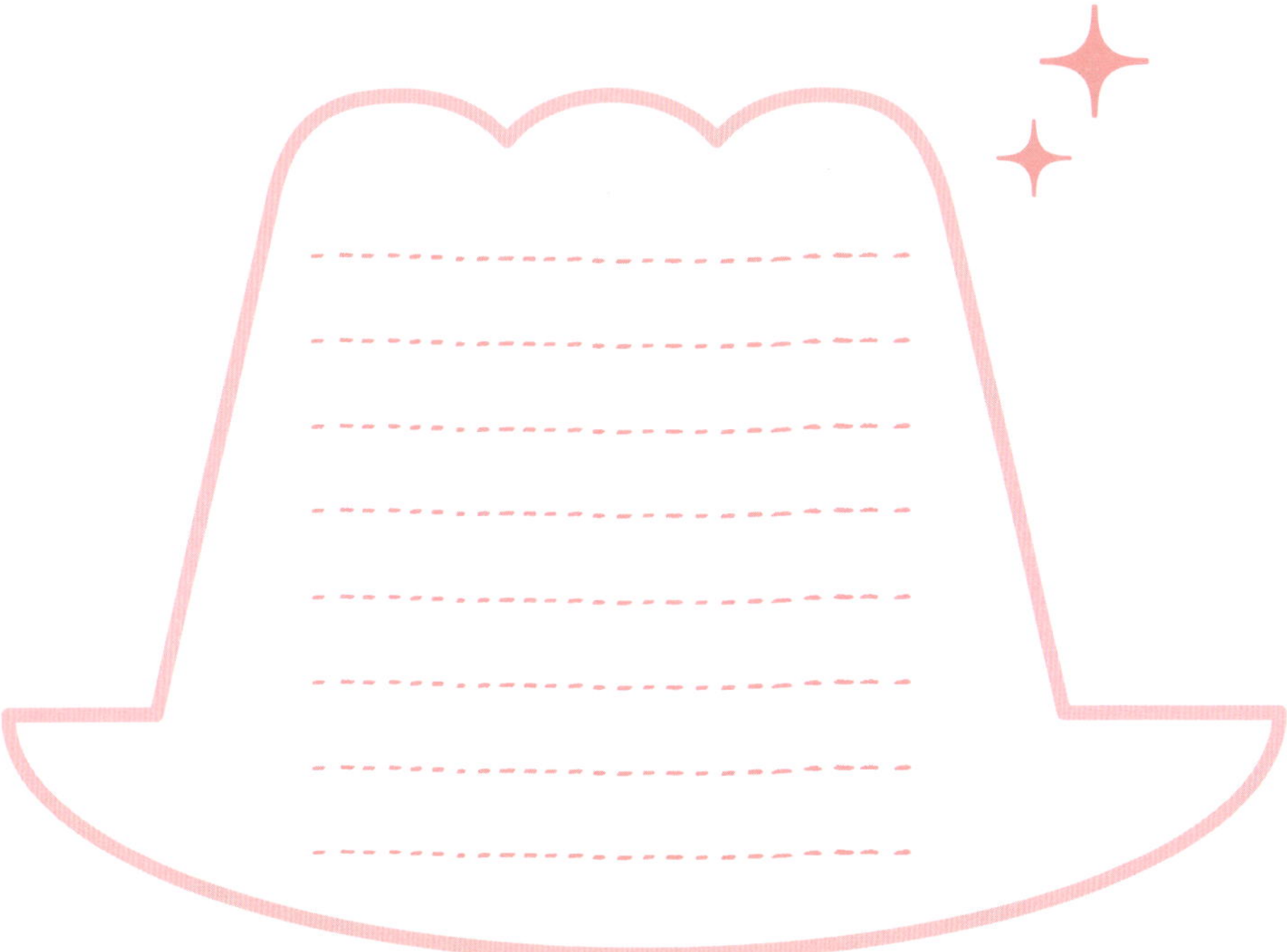

運動会《うんどうかい》まで、あと1週間《しゅうかん》だね！楽《たの》しみ！
ワクワク
ワクワク
うん、そうだね
ハリネズミちゃんと練習《れんしゅう》できて良《よ》かった！いっしょに応援団《おうえんだん》に入《はい》ってくれてありがとう！また明日《あした》！
こっちこそ、さそってくれてありがとう！また明日《あした》！
バイバイ
ハリネズミちゃん
トビネズミくん、どうしたの？
応援団《おうえんだん》に、ムリやり参加《さんか》させられたんじゃないか心配《しんぱい》だったんだ。イヤだったら、今《いま》から抜《ぬ》けたっていいんだぜ
たしかに、最初《さいしょ》はイヤだったの。でも、やってみたらおもしろかったよ。だから、今《いま》は大丈夫《だいじょうぶ》だよ！

そうか。余計《よけい》なお世話《せわ》だったかな
ううん、心配《しんぱい》してくれてありがとう
それより……トビネズミくんは、フェレットくんと仲《なか》が悪《わる》いの？
えっ
仲《なか》が悪《わる》いっていうわけじゃないよ。ただ、ぼくは『クラスみんな友《とも》だち』みたいなのが苦手《にがて》でね。バカにした言《い》い方《かた》をしちゃったのは、謝《あやま》りたいんだけどね……
ふーん、そういう考《かんが》え方《かた》もあるんだ
なるほどね…
ハリネズミちゃん！かたづけを手伝《てつだ》ってくれないかな？
ぼくがやるよ。ハリネズミちゃんは、たくさん練習《れんしゅう》したから、今日《きょう》は早《はや》く帰《かえ》りなよ
え？
ありがとう！じゃあ、先《さき》に帰《かえ》るね
こないだはごめんね
うん いいよ
運動会《うんどうかい》楽《たの》しみだ・・・

おわりに

最後《さいご》まで読《よ》み進《すす》めてくれてありがとう。
人間関係《にんげんかんけい》について知《し》りたいって思《おも》って、この本《ほん》を手《て》にとったキミの心《こころ》は、もう、おとなにとても近《ちか》いところにいるのだと思《おも》う。
この本《ほん》はまさに、そんな、おとな直前《ちょくぜん》のキミに向《む》けて、少《すこ》しだけ先《さき》を生《い》きたおとなのぼくから、「ほんとう」のことを伝《つた》えたいと思《おも》って書《か》いたものなんだ。

もしかしたら、読《よ》んでいて、心《こころ》が少《すこ》し苦《くる》しくなることもあったかもしれない。逆《ぎゃく》に、心《こころ》がフッと楽《らく》になったこともあるかもしれない。

覚《おぼ》えておいてほしいのは、それはあくまでも「今《いま》のキミ」の感《かん》じ方《かた》だ、ということ。人《ひと》の心《こころ》はどんどん変化《へんか》していくから、読《よ》む時期《じき》が変《か》われば、感《かん》じ方《かた》も変《か》わるはずだ。

だから、人《ひと》との関《かか》わり方《かた》でなやむことがあったら、そのたびに、この本《ほん》を手《て》に取《と》ってほしい。前《まえ》に読《よ》んだときは見過《みす》ごしていたヒントが、新《あら》たに見《み》つかるかもしれないからね。

最後《さいご》に。キミがどんな時《とき》も、自分自身《じぶんじしん》の心《こころ》に向《む》き合《あ》う時間《じかん》を大《たい》切《せつ》にして、「人《ひと》とつながっていくことって楽《たの》しいなあ」と感《かん》じながら毎日《まいにち》を過《す》ごしていってほしいと、心《こころ》から願《ねが》っているよ。

著者 **花まる学習会**

思考力、読書と作文を中心とした国語力、野外体験を三本柱として、
将来「メシが食える大人」「魅力的な人」を育てる学習塾。
埼玉県でスタートし、23年目で会員数は20,000人を超えた。
2016年からは中京、2017年からは関西でも展開している。

企画 岩川真弓、相澤樹、中山翔太、小林駿平（花まる学習会）

執筆 相澤樹（花まる学習会）

なぞぺー制作 中山翔太、小林駿平（花まる学習会）

デザイン・編集・制作 ジーグレイプ株式会社

イラスト アキワシンヤ

12才までに身につけたい

人間関係のコツ

2018年3月10日　初版第1刷発行
2025年4月15日　　第2刷発行

著　者　花まる学習会　©2018　Hanamarugakusyukai
発行者　長谷川隆
発行所　日本能率協会マネジメントセンター
〒103-6009 東京都中央区日本橋2-7-1　東京日本橋タワー
TEL　03(6362)4339 (編集)　03(6362)4558 (販売)
FAX　03(3272)8127 (編集・販売)
http://www.jmam.co.jp/
印刷所　シナノ書籍印刷株式会社
製本所　東京美術紙工協業組合

本書の内容の一部または全部を無断で複写複製(コピー)することは、法律で認められた場合を除き、
著作者および出版者の権利の侵害となりますので、あらかじめ小社あて許諾を求めてください。

ISBN 978-4-8207-2648-7　C8076
落丁・乱丁はおとりかえします。
Printed in Japan

別冊ふろく

保護者の皆さまのための解説

花まる学習会　相澤　樹

STEP 1

「友だち」って何だろう？

小学校高学年になると、多くの子どもたちは「友だちって何だろう」ということを考え始めます。人間関係の機微を敏感に察して心を痛めたり、相手の心中を忖度したりするものです。

良くも悪くも、「友だち」や「人間関係」という言葉からは今後の人生、大人になってからもずっと、離れられないということは、保護者の皆さまもよくよく実感されているかと思います。

人間関係は本来、机上で学ぶものではなく、日常生活から体得するものでした。

しかし、核家族化・少子化が進み、家庭内では「きょうだい関係」というミニ社会は形成されなくなりつつあります。また、学校でも、円滑なクラス運営のために、「子ども同士のもめごとは原則として起こらないようにする。万が一起こってしまった場合は、大人が介入して、すみやかに解決を図る」という方針が普及しています。

このため、**しなやかで回復力が高い子どものうちに、人間関係の難しさを学ぶ機会は、どんどん失われています。**その結果、社会人になってからも、他者との折り合いのつけ方に悩む若者が増えているのです。

さて、本章では、**「そもそも友だちとは何なのか」**をテーマとしました。

友だちの定義は人それぞれですから、万人が納得する正解があるとは思いません。ただ、煎じ詰めて考えると、以下の3つのメッセージは、子どもたちに伝えておきたいものだと思われます。

①友だちは自分が決めるもの

「みんな友だち」は理想的ではありますが、「みんな友だちでいなさい」と人が決められるものではありません。気が合わない子と無理に「友だち」でいさせることは、かえって不和を生んでしまうものです。

逆に、「あの子とは仲良くしちゃだめよ」と、大人側の事情を子どもに押しつけてしまう場面も起こりがちですが、小学校高学年にもなれば、子どもたちの世界は親が立ち入れないものになっていきます。子どもが、親と周囲の子どもたちの間で、板挟みになってしまうこともあるでしょう。

周りの大人の言いなりにならず、「自分で決める」ことが、健全な人間関係の育成につながるのではないでしょうか。

②友だちとは「無償」で「対等」な関係である

「何の利害関係もないけど（無償）、お互いに思いやっている（対等）関係」ということです。これは、他の人間関係とは異なる、「友だち」の特殊性ではないでしょうか。

この関係性がくずれた時、つまり「友だちでいること」に利害関係が生まれたり、一方による献身によって保たれる関係になってしまった瞬間に、友だち関係は瓦解に向かっていくように感じられます。

③友だち関係は壊れやすい

安定しているように見える関係でも、何かしらのきっかけでバランスがくずれたり、時間の経過とともに自然に疎遠になったりするものです。また、一方で、時間が経って再会した時から、突然、時計の針が再び動き始めることもあります。

私事になりますが、先日、二十余年ぶりに高校時代の部活動の仲間たちと再会しました。当時は「レギュラー」と「補欠」という、決して対等とは言えない関係があったのですが、再会した時には、「強さ」のヒエラルキーはなくなり、それぞれの場でがんばっているお互いの健闘と健康をただただ願う、まさに「無償」で「対等」な関係になっていることを感じました。

子どもたちには、友だち関係が壊れてしまうことに、過度な罪悪感はもたなくて良いと伝えてあげたいものです。

友だち関係は、自分の人生をあざやかに彩る、奇跡の出会いです。一方で、友だちという「言葉」や「形式」に自分をゆだねすぎることがないように、適度な距離を保つことも大切です。子どもたちには、このバランス感覚を学んでいってほしいと思っています。

STEP 2

どうしてクラス全員と仲良くしなさいって言われるの？

ある年齢になってくると、**「みんな仲良く」という言葉に、多少の違和感を覚えるものです。**一方で、「みんな仲良く」という言葉に対して、その疑問を人前で表現することははばかられる、「普遍的な正義」という印象をもつ子も多いのではないでしょうか。「みんな仲良く」という言葉は、そう感じさせるだけのエネルギーをもって、子どもたちの世界に存在しています。

本章では、**「みんな仲良く」という言葉を学校で教える理由**について、考えていきました。

4歳頃になると、自分の領域の他に、人にも領域があることを認識しはじめます。たとえば、集団でルールのある遊びをおこなえるようになったり、共有の物は独占し続けてはいけないことを理解できるようになったりするのです。あきらかにルールをまだ理解できない小さな子には、物や場所をゆずってあげたりする様子も見られます。「他者に対する優しさや配慮」の芽生えの時期と言えるでしょう。

この時期から、「みんな仲良くすべき」という考えは、多くの子どもたちに浸透していきます。

集団を形成し、同じ場所で同じ物を使い、ある目的に向かって進む時に、最もストレスがないのは、「お互いに心を配り合い、困ったら助け合うこと」が、当たり前の約束事になっている状態です。

これが「みんな仲良く」の意図であり、この状態が円滑な社会生活を営む上で不可欠であるということは、子どもたちも理解できているのです。

それにも関わらず、多くの子どもたちが「みんな仲良く」という言葉に疑問を覚えるのは、**「仲良くさせられている」という強制感**のようなものを、この言葉から感じてしまっているからではないでしょうか。

ステップ1で解説した通り、小学校高学年になると子どもの世界はおとなの支配下から離れていきますので、人間関係へ介入されることに抵抗感を覚えるのでしょう。子どもどうしで解決しようとしていたケンカを、大人が無理やり中断させるための言葉として用いがちであることも、その原因かもしれません。

これが唯一の解だとは思いませんが、本章では、次のように、**「友だち」と「仲間」という概念を分けて考えること**を提案しました。

・**「友だち」……自分の心が決める、個人的な関係**
・**「仲間」……同じ目標に向かって協力する関係**

「仲間」は、「チーム」とも言い換えられます。学校のクラスも、これに当たります。

学校で教えられる「仲良く」という言葉は、「クラスの全員と『友だち』になりなさい」ではなく、**「一年を共にする『仲間』と、協力して、様々な目標の達成を目指しましょう」**という意味だと解釈すれば、子どもたちの「強制されている」という感覚も薄れるのではないでしょうか。

STEP 3

あの子と「合わない」……

「人間関係を積極的に構築することが苦手だ」という若者が増えています。都市部では「近所づきあい」という言葉が聞かれなくなって久しく、となりに住む人の顔も知らないということも、当たり前の時代です。「生活をしていれば、自然と顔なじみが増える」というわけにはいかないのでしょう。

つまり、人間関係の構築が得意か不得意かという以前に、**人間関係を築く経験が浅く、やり方が「わからない」**というのが、正しいところではないでしょうか。

現代の子どもたちにとって、主に他者と出会う場は、学校や習い事などです。しかし、**子どもたちの自由にまかせると、自分と感覚や趣味、話題が「合う」人だけの、小さなコミュニティに留まろうとしてしまう**のが、自然ななりゆきです。

人間には「ちがい」をおそれる心があります。自分の中にない考え方に触れると、警戒心を覚え、「合わない」人として自分から遠ざけようとしたり、自分の意見に近い人の世界の中で、自分が正当であることを確認したくなったりするものなのです。

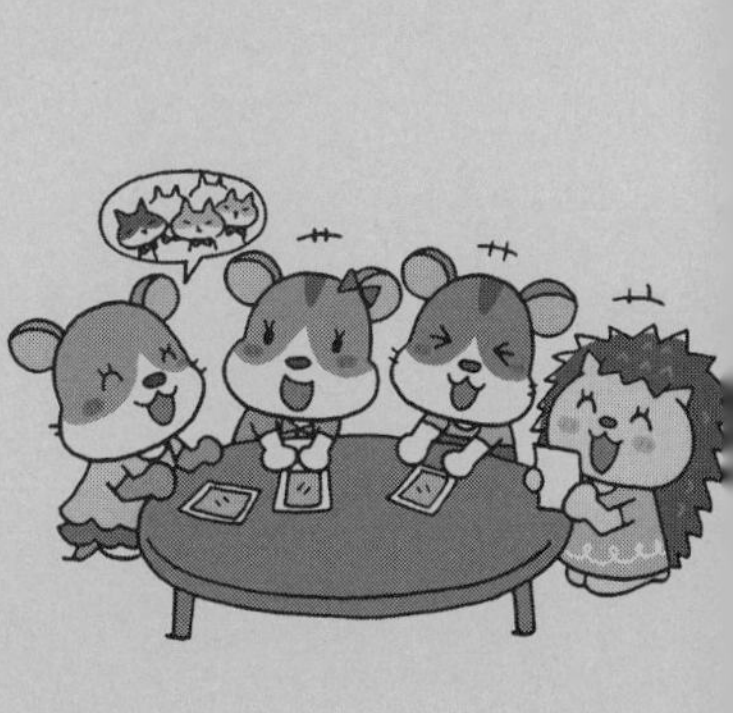

「合う」「合わない」という判断基準は、居心地の良

いものですが、自分の世界をせばめてしまう危険性をはらんでいます。

100％どんな時も、考えること・思うことが一緒、なんて人は世の中に一人としていません。「合う」人を探し求めすぎると、交友関係はどんどんせまくなってしまいます。

人間関係だけでなく、仕事、勉強、生活全般、社会的なルール……こういったさまざまなものを**「合わない」という理由で切って捨ててしまうことは、どんどんせまい世界に、自分を追い込んでしまうことにつながります。**

周囲が個人の理想にすべて合わせてくれることはありません。**どこかに妥協点を見出し、折り合いをつけて、自分が周りに「合わせて」いく**ことは、避けられないのです。

自分の子どもだけでなく、周囲の若者に対しても、「『自分には合わないから』と人や職場との関係を切り捨てるのではなく、そこから一歩踏みこんで、渡り合っていくことが大事だ」と、経験豊富な大人が伝えてあげたいものですね。

この「合わせる」という行為は、けっしてつらいばかりのことではなく、自分の世界を広げるすばらしい機会でもあります。

多様な人がいて、多様な考え方や思想がある。他者の経験から自分の知見を広げることができる。また、自分の知見が、それを知らない人の宝になる。そこにこそ、さまざまな人のいる世界で生きるおもしろさがあるのです。

ですから、子どもたちには、おそれることなく、他者の意見を取り入れ、また、自分の思いを他者に伝えていってほしいものです。

STEP 4

ケンカは絶対にいけないことなの？

子ども同士のケンカを推奨しているというわけではないのですが、**「何が何でもケンカをさせないようにする」**と、**せっかくの成長の機会をのがしてしまいます。**

花まる学習会の野外体験企画では、星の数ほど、子どもどうしのもめ事を見てきました。ちょっとした行きちがいからはげしい言い合いになり、涙をこぼす子もたくさんいます。しかし、その子どもたちの様子を観察していると、それぞれに主張があるものの、何とか落としどころを見つけて、解決に向かおうとしているのです。

仲なおりのうまさに関しては、子どもは間違いなく、大人以上に秀でています。多くの場合、涙も乾かないうちに仲なおりができて、より親密につながっていくのです。

そしてこの、**仲なおりの経験の総量が、後のコミュニケーション力に結びついていきます。**大人は、ケンカを未然に防ぐことに心を砕くよりも、子どもたちの解決力を信じて、傷ついた心をおおらかに受け止めてあげることを意識しておきたいものです。

もう一つ、本章で伝えたいのは、**「友だち」という存**

在に依存しすぎないでほしいということです。

「どこでも、トイレに行く時でもいつも一緒」であることを「仲良し」と考える子もいますが、友だちであることを「確認する作業」をくり返し、その作業が狂うと途端に不安になってしまうというのは、依存に近い状態です。

ステップ1で解説した友だちの要件のうちの一つ、**「対等である」ためには、お互いが自立していることが必要**なのではないでしょうか。

しっかりと自分の軸をもっている子は、同じように自分の軸をもっている子と、適度な距離感のあるつながり方をしているように見えます。一方で、まだ自分の軸をもたず、友だちの中にいることに安心を求めている子には、やはり同じタイプの子が集まる傾向が見られます。「一緒に何かをする」というのは、本当の友だちを知る、道半ばなのかもしれません。

子どもたち一人ひとりに発達の段階があり、特性があります。ですから、後者に問題があるということではありません。友だちの関係性を維持する努力にいそしむだけでなく、自然体の自分でいられる関係性はどこにあるか、目を向けてみようということを伝えられればと考えています。

ケンカだけでなく、クラス替えやクラブ活動など、何かしらのきっかけで、今までの友だちとは疎遠になることもあるものです。

「変化を過度におそれる必要はない、人間関係は常に変化とともにある」ということを受け入れられれば、特定のだれかに依存する度合いは薄れていき、多くのつながりが生まれていくことでしょう。

STEP 5

友だちを傷つけてしまった！

ときに感情的になり過ぎてしまい、言い過ぎてしまう。相手が身近な人であればあるほど、そんな失敗をしてしまいがちです。もっともこのようなトラブルが多いのは、親子間、きょうだい間かもしれません。

その時は興奮して「言ってやったぜ！」と思うものの、少し時間が経ち、落ち着いてくると、「なんてことを言ってしまったんだ」と後悔することも少なくないでしょう。また、悪意はなかったけれど、自分の言葉が相手を傷つけてしまっていたことに、後から気がつくこともあります。感情的になってしまった時ほど、冷静になった時に、反動で恥ずかしくなるくらいの後悔がおそってくるものです。

人間だれしも、こういったあやまちはあるもの。本章は、**大事なのは、人を傷つけてしまった後どうするか**であるということを伝えるために、執筆しました。

反省する時間は苦くも重要なものです。

「相手が自分の言葉を受けてどう思ったのか」という想像を踏まえない謝罪は、誠実さに欠けた、表層的なものになってしまいます。また、「自分の言葉は相手を傷つけてしまい得る」ことを十分に理解して、同じことをくり返さないように気をつけるためにも、必要な

時間と言えます。

ただし、子どもにとってはきびしい話になりますが、**十分に反省をして、心から謝ったからといって、相手は必ず許してくれるわけではない**ということも、伝えておきたい事実です。許してくれるかどうかの結果に関わらず、**自分が相手を傷つけてしまったことを理解しているのであれば、相手の本音や態度を受け止める責任がある**のです。

このようにおどかしてしまうと、時間が経って、自然に関係が回復するのを待ちたい気持ちも芽生えることでしょう。

しかし、たとえ表面的には関係性が元通りになったとしても、お互いにしこりが残ってしまう可能性はあり得ます。「対等」な関係を続けるためには、自分の誠意を相手に伝えることが重要だからです。子どもたちには、不安やおそれ、恥を越えて、勇気をもって相手と向かい合ってもらいたいですね。

そうは言っても、心からの「ごめんなさい」は、多くの場合、相手に素直に受け入れてもらえるものだと思います。**自分が傷つき、つらかったことを理解してくれたという実感は、心のなぐさめとなるものですから。**

「雨降って地固まる」という格言は、関係がくずれかけたとき、相手を深く想像し理解しようと努めるからこそ、以前よりも関係性は強固になるということなのかもしれませんね。

STEP 6

「多数決」に納得できない……

多数決は、多くの人がいる場で物事を決定するときに、有効な手段の一つです。とくに、大勢の子どもたちの意見を集約する学校などの場では、頻繁に使われています。自分の願った結果になって盛り上がったり、その反対の結果に涙をのんだりした経験は、皆さまも覚えがあることでしょう。

「一人一票で、全員の意見を公平に集められる」ことが多数決のメリットですが、万能ではありません。「〇〇で決まりだよね」のような声が投票の前に上がり、他の候補への賛成を表明しにくい雰囲気ができあがってしまう、ということも起こり得ます。場の空気を読んで、自分の気持ちを押し殺し、あたかも「わたしも多数派です」という顔をすることで軋轢を避けてしまうこともあるでしょう。このような場合、子どもたちを見ていると、多数決の結果自体よりも、自分の心に正直に投票できなかったことに対して、葛藤しているようです。

子どもたちに知ってほしいのは、**多数決は「一人ひとりがしっかり考えた上で」おこなうのが原則**ということです。つまり、安易に多数派に流れるのも、何でもかんでも反対するというのもいけません。**自分の一票には決めごとの当事者としての責任が求められる**ことを自覚すれば、周囲の意見に流されたり、惑わされたりすることも減り、平等で公正な多数決がおこなえるようになるでしょう。

また、**「多数決で決める」ことに同意した以上は、どんな結果になったとしても、その結果を受け入れる**ということも必要です。サッと心に折り合いをつけて、自分と異なる考えを受け入れてみることで、より世界が広がるかもしれません。

それと同時に、**多数決での決定は必ずしも「正しさ」とイコールではない**ということも、経験を通して学んでほしいものです。「多数派の支持」を根拠とした施策が、その時の賛成者をふくめ多くの人々をかえって不幸にしてしまったという悲劇は、古今東西で起こっています。

一度決めたことをくつがえしたり、変化を伴う調整をしたりすることには、負担がかかります。しかし、「多数決で決定することが目的」なのではなく、「目的を達成するための一つの手段として多数決を用いる」ということを、忘れてはいけません。

一度は決まった方向に動きつつも、変化や再考を恐れることなく、より良い方向に進もうとする心を見失わずにいられることが理想です。

STEP 7

男女いっしょに遊ぶとバカにされる……

あっけらかんと「ぼくは○○ちゃんが好き！」「私、将来は△△くんと結婚する！」なんて言えるのは、小学校入学前くらいまででしょうか。ゆるやかに男女という性差があることを感じながら時間が経ち、小学校の高学年を迎えるころになると、激しく異性を意識する時期、思春期がおとずれます。

子どもたちを学年別に見ていると、異性と遊んだりするときの冷やかしが最も多くなるのは4年生ごろでしょうか。6年生以降になると、「まぁ、そんなこともあるよね」と構えられるようになっているように見られます。ちょうど、子どもと大人の境界線が、一番性差に過敏になるタイミングということなのでしょう。

まず、子どもたちに伝えたいのは、**異性を意識してしまう気持ち自体はおかしいものではない**ということです。

関心があるからコミュニケーションをまめに取ろうとする子もいれば、無関心をよそおい、距離を置く選択をする子もいます。思春期入り口の子どもたちは、後者の例が多いようです。

だからこそ、「自分とちがって」異性と仲良くできている子がいると、少しの羨望も自覚しつつ、好奇の目

で見たり、冷やかしの対象にしたりするのでしょう。

余談ですが、小学4年生のころ、初恋をしました。当然、無関心をよそおう側に私はいましたが、その子と仲良く話をしていて、その子のことを好きだと公言してはばからない友だちに、強烈な嫉妬心を覚えたことを思い出します。今、思えば友だちを恨むのは筋違いだとわかりますが、そういう時期だったのでしょう。

もちろん、思春期になったら異性を避けるべきということではありません。むしろ、周りの「変なの」という声に阻まれて、当人たちの友人関係が途絶えるのは悲しいことです。**同性・異性を問わず、「あの子は大切な友だちだ」と思う気持ちに正直に、友人関係をつくることが一番大切です。**

コミュニケーションを取って、お互いを知る経験は、豊富であればあるほど良いものです。そこに、異性、同性という境目はありません。

また、自分では気づいていなかった一面を、異性という、自分とは異なる側面をもった友だちが、気づかせてくれるということもあるでしょう。

いつか、だれもが実感することですが、**すべての人間関係は一期一会なのです。**「二度と会えない」という後悔も学びではありますが、なるべく早く一期一会の真理に気づき、目の前の人間関係を大切にすることができれば、人との出会いを通して学べることも増えるでしょう。

STEP 8

人からどう見られているのか気になる……

周囲の目が気になるというのも、思春期の悩みの一つです。「自分はどう思われているのだろうか」ということばかりに気を取られてしまうのです。

これも、健全な成長の過程なのでしょう。このように周りが気になるからこそ、身だしなみに気をつけようとしたり、ミミズが這っていると言われるような字を書いていた子も、ノートをきれいに取り始めたりするのです。つまり、社会的な「マナー」を身につけている時期なのです。

マナーを身につけている途中の時期ですから、自分が正しいのか、間違っているのかが気にかかるのです。

多くの場合、誰も何も思ってはいないのですが、自信のもてなさから「見られているのかもしれない」という疑いがどんどんふくらんでしまうのでしょう。

「見た目はいいから中身をみがきなさい！」と保護者の皆さまはやきもきされていることでしょう。まったくその通りなのですが、私たちが子どもだったころを思い出してみてください。見た目より中身が大事と気づくのは、もう少し成長してからだったはずです。

「モテたい」「かわいいと言われたい」という欲求がエネルギーになる時期ですから、少し長い目で見守ってあげてください。もう少しすれば、モテたければモテたいなりの行動が必要になること、外見の良さだけをみがくのでは不十分だと自覚する時がきます。動機は不純でも、**「より良い自分になろう」ということに頭を使い、行動に移すのは、とても良いことです。**

ただし、最終的には、「人がどう思うか」ではなく、**自分が日々をどれだけ誠実に過ごし、定めた目標に向かって成長しているのかを、自己評価の基準とするこ**とが必要となります。「一週間前より今日のほうが上達しているね」など、「自分のなかの進歩」が実感できるような声かけをしてみましょう。

また、お子さまが何か夢中になれるものを見つけたら、見守ってあげることも大事です。**夢中に何かに取り組むことは、成長を実感しやすいものです。**

おもしろいもので、魅力的で、周囲から一目置かれている子は、モテるための努力をしている子よりも、何か一つのことに、わき目もふらず打ち込んでいる子だったりするものです。

自分の成長の過程を実感し、自分に自信がついている子は、他者と自分を比較して一喜一憂することなく、自然体でいられるようになるからではないでしょうか。

STEP 9

人間関係の問題に答えってあるんだろうか？

本書を執筆する過程で、子どもたちに取材をしていくと、かなり多かったのが、**「友だちどうしの間にはさまれたとき」に困り、悩む**という回答でした。本章では、そんな子どもの悩みを正直に吐露した、小学6年生の作文を紹介しました（くわしくは、ぜひ本編をご覧ください）。

しかし、子どもたちの悩みについての具体的な回答は記していません。

「何が正しい答えなのか」を明確にすることはできないというのが、「人間関係の問題に答えはあるか」に対する、正直な答えなのです。

合わせて、この悩みは、**地球上のほぼすべての人が抱えている、健全な悩みである**こともまた、知っておいてほしいところです。つまり、深く思い悩みすぎないでほしいということです。

さて、大人も子どもも変わらない悩みもある一方で、大人には理解しにくい、子どもの社会に特有の「人との関わり方」の悩みもあります。ここでは、保護者の皆さまから、「自分の子の言動が理解できない」と相談を受けることの多い、代表的な悩みを、2つご紹介します。

【感受性が強い】

人の心を読みすぎて、自分が傷ついてしまう。たとえば、（注意が妥当である場面で）大人が他の子を叱っているのを目撃して、その場面や言葉を強く受け止め、悲しんだり、大人をおそれたりする子がいます。感受性が強く、想像力が豊かな子によく見られます。

自分が当事者ではない物事に間接的に影響を受けている状態なので、子ども自身も、どうして自分が苦しいのか、説明が難しいこともあるようです。学校への行き渋りが起こっているものの、その原因が明確ではない場合、この傾向を考えてみると良いかもしれません。怖かったことや悲しかったことに共感し、理解してあげることで、気持ちが晴れたという子を、多く見てきました。

小学校低学年に多い悩みで、思春期を迎えるころになると、折り合いをつけられるようになってきます。

【嘘を重ねてしまう】

嘘をつくこと自体もほめられたことではありませんが、その嘘により、子どもどうしの友人関係にヒビが入ってしまうという問題が、しばしば起こります。

幼児期の難しさは、「嘘」と「空想」の境界線が、まだはっきりとしていないところにあります。つまり、本人としては、嘘をつこうとしている訳ではないということです。子どものこのような傾向を矯正するか否かは、判断が分かれるところではありますが、多くの場合、成長と共に、自然とその境界を理解するようになり、極端な嘘は減ってくるものです。

3年生ごろになると、自分の保身のためや、相手より優位に立つための嘘を、意識的につくようになる子が増えます。成長の過程で、複雑な思考ができるようになった証とも言えますが、できる限り、嘘をついた結果が成功体験にならないようにしておきたいものです。

理想的な改善法は、嘘をついた本人が罪悪感を覚え、「嘘をつくと結果的に自分がいちばんつらくなる」と理解する経験をすることです。たとえば、自分の嘘がだれかを喜ばせてしまうなどして、話がおおごとになっていく中で、「これはまずいことになった」と自覚し、嘘をついたことを子どもが自分から謝ったという話を、よく聞きます。

保護者の皆さまにとって、子どもたちがつく意識的な嘘は、比較的見きわめやすいものと思われます。少々かわいそうではありますが、もしお子さまが嘘をついていることに気がついたときは、「その嘘はとても残念な行動だ」と、まっすぐに、きっぱりと伝えましょう。くどくど言ってしまうのは避け、本人が「いけないことをしたな」と自省できるように導くのがポイントです。

保護者の方々は、「親だからこそ、理解したい（理解しなければならない）」と、まさに親と子という「人間関係」に思い悩みがちです。

「親子とはいえ、別の人間」と思い、少し離れた位置から客観的に、お子さんの様子を見ることができれば、お子さんの気になるところだけではなく、良いところ、誇れるところも、たくさん見つけられるでしょう。

STEP 10

それでも、わたしたちが友だちを求める理由

「友だちは少なくたって良い」「友だち関係は壊れたって良い」……子どもに向けたものとしては、行儀の良い人間関係の本とは言えないかもしれません。

しかし、小学校高学年の子どもたちが知りたいのは、耳当たりの良い、きれいな答えではなく、なまなましい「ほんとう」にせまった文章なのではないでしょうか。少なくとも私は、自分が子どもであった当時、そのように考えていたことを記憶しています。

人とのつながりは、いつもうまくいくわけではありません。それを知ったうえで、願わくは、**人とつながることは豊かなことなんだと信じて、未来に臆病になることなく、人生を歩んでほしい**と思っています。

何度人間関係がうまくいかなくなっても、私たちは新たな人とのつながりをつくり続けるものです。それは、ある程度の年齢になるまでに、**「人は人を傷つける（人に傷つけられる）が、人をいやすのもまた人である」**ことを学んでいくからでしょう。

自分の存在価値を他者に丸投げするのは問題ですが、他者から必要とされたり、良い評価を受けたり、あたたかい言葉をかけられたりすることで、見失っていた、この世のなかでの自分の位置をはかりなおし、安心す

ることができるものです。

一度傷ついても、ふたたび人とつながっていく「心の回復力」をつけるには、やはり経験の量がものを言います。多くの人と関わりをもつなかで、自然と大事な力が培われていくのです。ケンカをしたり、仲直りをしたり、心を折ってしまったり、折られてしまったり。子どものうちにそういった経験を豊富にしている子ほど、心の回復力は高くなるものです。

花まる学習会が異学年の、初対面の子どもたちを集めて、野外体験をおこなう理由は、まさにここにあります。「はじめまして」という、少し心に負荷がかかる経験を、子どもたちに積ませたいのです。花まる学習会では、心の回復力を高めることを**「もめ事はこやし」**という言葉に込めて、指導しています。

最後に、子どもたちに伝えておきたいのは、**自分を大切にするということ**です。

本編でも書きましたが、「自分を大切にする」とは、「自分に甘くする」という意味ではなく、「自分の内面との対話を大切にする」という意味です。

悩みや苦しみに直面し、答えが出ない葛藤があったとしても、最後に「大丈夫。私は私が好き！」と、**自分が自分のいちばんの味方でいてあげられることは、難しい局面に立った時ほど、自分を支える大きな力になる**と思うのです。

私たち大人の役割は、その力を身につけさせるサポーターです。具体的に、私たちにできることは、子どもの心の代弁者になってあげることだと思うのです。**「そのままのあなたでいい」というメッセージを言葉で、行動で送り続けること。**そのメッセージが、いつかしっかりと心に染みわたっていくことで、「私は私のままでいい」と思える人になるのではないかと思っています。

またお会いしましょう！